ALCANZANDO LA JUSTICIA

ALCANZANDO LA JUSTICIA

Vida

Aplicaciones

del Libro

de Ester

EMILY WICKHAM

Alcanzando la Justicia

ISBN 978-1-941512-15-9

Derechos de autor © 2016 por Emily Wickham

Publicado por
  Master Design Publishing
  789 State Route 94 E
  Fulton, KY 42041
  www.MasterDesign.org

A menos que se indique de otra manera, todas las citas bíblicas se toman de la Versión Reina Valera Revisada, revisión de 1960, propiedad de las Sociedades Bíblicas Unidas.

Reservados todos los derechos. Prohibida la reproducción total o parcial de este libro, en toda forma, incluyendo fotocopiado, grabación, u otros métodos de almacenaje electrónico, sin la autorización previa del autor, excepto en lo permitido por las leyes de copyright de los Estados Unidos de América.

"Más la senda de los justos es como la luz de la aurora, que va en aumento hasta que el día es perfecto"
Proverbios 4:18

Alcanzando la Justicia

JESÚS, un día espero ver TU sonrisa
Saber que te he complacido en el gozo y a través de las pruebas
Porque la justicia es el objetivo y el deseo de mi corazón
Hacer lo que es justo –Ensalza tu nombre

Lucho con opciones y decisiones cada día
Alentar mi carne es mi forma natural
Cámbiame, SEÑOR, ayúdame a caminar en TU ESPÍRITU
Guíame con TU voz, hazme oírla.

Remueve mis excusas y mis propios caminos
Destruye mi frialdad, inspírame a obedecer
Revela las mentiras que me mantienen atrapada y engañada
Oblígame a ser honesta sin ninguna excusa.

¡Abba! Estoy desesperada por TU gracia en mí
Que el poder de TU ESPÍRITU me liberte y motive
Porque es solo a través de CRISTO, TU Amado Hijo
Que cada decisión, cada batalla será ganada.

SEÑOR, estoy viviendo hoy con TU sonrisa en mi mente
Conociendo con certeza que no me dejarás
Que TU Palabra alumbre el sendero, revele los lugares en donde andamos,
Alcanzando la justicia – sostenidas por TU mano.

Sólo para la Gloria de DIOS,
Emily Wickham

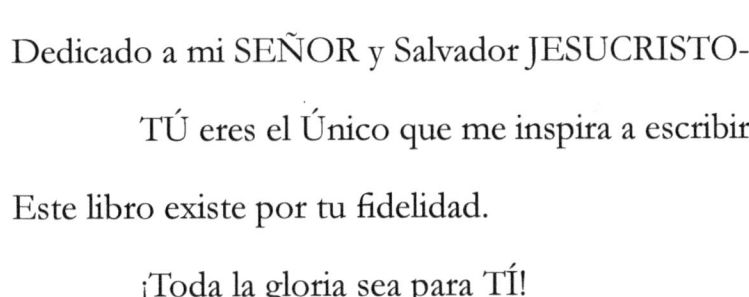

Dedicado a mi SEÑOR y Salvador JESUCRISTO-

TÚ eres el Único que me inspira a escribir.

Este libro existe por tu fidelidad.

¡Toda la gloria sea para TÍ!

RECONOCIMIENTOS

Mayormente gracias a mi amado esposo, Mark —tu confianza en que DIOS tiene algo que decir a través de mí, me ha dado el ánimo para escribir y enseñar. ¡No hubiera podido hacerlo sin tí!

Gracias especiales también a nuestros maravillosos hijos – Everett, Zachary, Brennan, y Chloe – cada uno de ustedes es un tesoro para mí.

Gracias mil a mi equipo de oración: Sandy Dunbar, Melanie Haist, Heather Halbert, Sally lee, Linda Troutman, y Mary Ann Turner- Sus fieles oraciones han llegado muy lejos.

Sinceramente agradecida con Debby Capps por proporcionar a un traductor y mi profunda gratitud a Flor Edith Castro González por traducir este libro - He sido bendecida grandemente por su disposición gozosa de servir a nuestro Señor.

Un profundo agradecimiento a Dean y Lisa Doucette y a todos los que han aportado a esta edición en español. Estoy endeudada con su amabilidad y generosidad.

A todos los que han orado por este ministerio y han apoyado este proyecto de varias maneras, ¡gracias! Dios les recompense en gran manera.

CONTENIDOS

Notas del Autor xiii

Cómo usar este libro de trabajo xv

Lección 1: Visión Introductoria: Obedeciendo el Llamado de DIOS 1

Lección 2: Honrando a DIOS 7

Lección 3: Dependiendo de DIOS 11

Lección 4: Confiando en DIOS 15

Lección 5: Reflejando a CRISTO 19

Lección 6: Glorificando a DIOS 23

Lección 7: Firme en DIOS 27

Lección 8: Cediendo el Control 31

Lección 9: Respondiendo al Sufrimiento 35

Lección 10: Rechazando el Temor 39

Lección 11: Guiando a Otros 43

Lección 12: Viviendo Bajo la Gracia 49

Lección 13: Usando Sabiduría 53

Lección 14: Practicando la Pureza 59

Lección 15: Escuchando y Haciendo 63

Lección 16: Escogiendo la Humildad 67

Lección 17: Comunión con DIOS 71

Lección 18: Confesando nuestros Pecados 75

Lección 19: Oponiéndonos a la Maldad 79

Lección 20: Persistiendo en Oración 83

Lección 21: Ministrando a Otros 87

Lección 22: Aplicando la Palabra de DIOS 91

Lección 23: Regocijándonos Siempre 95

Lección 24: Peleando para Ganar 99

Lección 25: Continuando en la Fe 103

Lección 26: Adorando a DIOS Juntas 107

Lección 27: Recordando las Obras de DIOS 111
Lección 28: Trabajando Juntas en Unidad 115
Lección 29: Negándonos a Nosotras Mismas 119
Lección 30: Conclusión: Siguiéndole 123

Notas finales 127

Acerca del Autor 129

NOTAS DEL AUTOR

Querida amiga,

Gracias por unirte a mí en este estudio, a través del libro de Ester que cambiará nuestras vidas. A medida que avancemos versículo por versículo, estoy convencida de que verás muchos ejemplos de acciones justas e injustas. A través de la vida del Rey Asuero, la Reina Vasti, la Reina Ester, Mardoqueo, y Amán, aprenderemos principios valiosos que pertenecen a la justicia.

Pero antes de empezar, es importante comenzar el estudio con el entendimiento de que hay dos aspectos de la justicia: Primero, está la verdad de que somos justificados delante de DIOS. Esto es algo que ÉL libremente nos da, en virtud de nuestra fe en SU Hijo, JESUCRISTO. 2ª.Corintios 5:21 dice, "Al que no conoció pecado, por nosotros lo hizo pecado, para que nosotros fuésemos hechos justicia de DIOS en ÉL." También, Filipenses 3:9 establece, "y ser hallado en ÉL, no teniendo mi propia justicia, que es por la ley, sino la que es por la fe de CRISTO, la justicia que es de DIOS por la fe". Estos versículos revelan que ningún esfuerzo propio por "alcanzar" la justicia nos justificará delante de DIOS. De hecho, en Isaías 64:6 leemos: "Si bien todos nosotros somos como suciedad, y todas nuestras justicias como trapo de inmundicia; y caímos todos nosotros como la hoja, y nuestras maldades nos llevaron como viento." Es la perfecta vida de CRISTO, SU muerte sacrificial, y SU victoriosa resurrección lo que ha hecho posible para nosotras ser contadas como justas. A través de la fe en ÉL, somos justificadas ante los ojos de DIOS.

Por otra parte, hay una verdad de que hay una justicia en acción. DIOS nos llama a vivir justamente, y cada día nos presenta oportunidades, para hacer lo justo en el poder de SU ESPÍRITU SANTO. Considera los siguientes versículos: "presentz en sus miembros para servir a la justicia" (Romanos 6:19) y "sigue la justicia, la piedad, la fe, el amor, la paciencia, la mansedumbre." (1ª. Timoteo 6:11). Estos versículos se dirigen hacía los que han puesto su fe en CRISTO y a quienes son justificados delante de DIOS.

Así que, ¿por dónde empezamos?, ¿Cómo podremos lograr este objetivo, este deseo de nuestro corazón? La respuesta es sencilla: DIOS. Filipenses 1:6 nos anima diciendo, "estando persuadido de esto, que el que comenzó en vosotros la buena obra, la perfeccionará hasta el día de JESUCRISTO." Así mismo, Filipenses 4:13 dice: "Todo lo puedo en CRISTO que me fortalece". DIOS quiere habitar en nosotras por medio del ESPÍRITU SANTO, y a través de ÉL tenemos el poder de "alcanzar" la justicia. Así que, como vivimos en una cultura depravada donde aún en la iglesia se comprometen nuestros principios, propongamos en nuestro corazón vivir justamente para la gloria de DIOS. Que a diario hagamos lo que es correcto[1] –no para ganar la aceptación y el favor de DIOS, sino porque le amamos y queremos glorificarle. Que en SU nombre nos sostengamos, y que SU carácter siga incrementándose en nosotras para reflejarle.

Sólo para la gloria de DIOS,
Emily Wickham

CÓMO USAR ESTE LIBRO DE TRABAJO

Este estudio bíblico y libro de trabajo, ha sido diseñado para usarse tanto individualmente como en grupo; y en cada sección tiene un potencial significativo para cambiar la vida. Las oraciones han sido escritas para ayudarte a comenzar y terminar cada lección en oración. Espero que seas inspirada para continuar estas oraciones con tus propias palabras. La Escritura leída es crucial porque sólo la Palabra de DIOS es "viva y eficaz, más cortante que toda espada de dos filos" (Hebreos 4:12). Además, tu percepción de la Palabra de DIOS es importante, porque te permitirá contemplar los hechos antes de leer los pensamientos de la autora. Todas estas secciones juntas, te prepararán para responder a las preguntas de aplicación y para implementar lo que has aprendido. Algunas veces responder honesta y completamente será un reto, pero DIOS bendecirá tu fidelidad con crecimiento espiritual.

Para individuos, este libro de trabajo puede estudiarse enteramente a tu propia conveniencia. De cualquier modo, si estás interesada en completarlo en poco tiempo, es posible que lo hagas en un mes. Simplemente haces la parte A de cada lección en la mañana, y finalizas la lección haciendo la parte B en la tarde.

Para grupos pequeños de estudio, hay varias opciones de planes de horarios. Las dos más recomendadas son:

1. Plan de diez semanas.
   Completar tres lecciones por semana en los grupos pequeños. Esto requerirá seis días por semana, cada día cubrirá ya sea la parte A o la parte B de la lección. Al final de cada semana, pueden facilitar una discusión sobre las respuestas de los participantes, a las preguntas de aplicación. Esta discusión puede fácilmente tomar de una hora y media a dos horas.

2. Plan de treinta y una semanas.
   Este formato trabaja bien con la clase de Damas de la Escuela Dominical. **Empiezas dividiendo la clase en grupos pequeños de ocho a diez mujeres y designando a una facilitadora por grupo. En la primera clase introduces el estudio bíblico y repartes los libros. Explica que cada una hará una lección completa* por semana y los Domingos, en cada grupo pequeño, discutirán las respuesta a las preguntas de aplicación. Deja los últimos cuarenta y cinco minutos para el tiempo de discusión de cada semana.

Que el ESPÍRITU SANTO te guíe para usar este libro de trabajo de la mejor manera. Ya sea que lo estudies individualmente o en grupo, que tu vida sea edificada mientras la justicia de DIOS te es revelada en el libro de Ester. Pero sobre todo, que DIOS sea glorificado a través de este estudio de SU Santa Palabra.

---

*La lección completa incluye las partes A y parte B (ej. Lección 1A y 1B-"Obedeciendo el llamado de DIOS").
**Algunas mujeres no pueden asistir a estudios bíblicos durante la semana. Este formato se implementó en mi iglesia, y proveyó una manera diferente de alcanzar y animar al grupo maravilloso de mujeres.

Lección 1A

REPASO INTRODUCTORIO: OBEDECIENDO EL LLAMADO DE DIOS

Primero, ven a SU presencia...

Amado Padre Celestial, te adoro porque eres el DIOS soberano del universo. No hay nada fuera de TUS planes y control. Confieso mi falta de confianza en Tí, y mis esfuerzos por hacer mi propia voluntad. Por favor, enséñame a través de TU Palabra y por el poder del ESPÍRITU SANTO...

Lee lo que DIOS dice en Ester del 1 al 10, y escribe tus observaciones de los capítulos 1 al 4. Un par de oraciones por capítulo serán adecuadas –tú puedes ser más detallista si quieres. Asegúrate de incluir quiénes estuvieron envueltos, cómo lucía el lugar, dónde y cuándo ocurrió, etc.

Reflexiona en estos pensamientos...

Imagina un paisaje de una civilización antigua... un lugar lleno de belleza, poder y tradición. Ese es el escenario del libro de Ester: Persia, la cual es conocida hoy como Irán.[2] Los eventos de Ester cubrieron un período de tiempo de aproximadamente 10 años, y tomó lugar cerca de 500 años antes del nacimiento de JESUCRISTO.* Esta cuenta provee una base histórica para el festival de los judíos de Purín,[3] el cual era y es la celebración de la liberación de los judíos, el pueblo escogido de Dios. Esto involucra a cinco naciones principales de varias razas, y crónicas de dos judíos específicos muy prominentes.

---

*Debido a una variedad de opiniones de expertos, es difícil determinar la fecha exacta de los eventos en el libro de Ester. Muchas opiniones sostienen que la Reina Ester fue la esposa de Jerjes I, quien reinó de 485-465 A.C., algunos recursos dicen que se convirtió en la esposa de Artajerjes Longimano, quien reinó de 464-424 A.C. Otra aserción es que ella se convirtió en la esposa de Darío Histaspes durante su reinado entre 521-846 A.C.[4]

Cómo Ester empieza con el orgullo de un rey y una reina terrenales, y termina con el incuestionable poder del DIOS soberano. En particular, los capítulos del 1 al 4 demuestran como DIOS arregla los detalles de manera de llevar a cabo SU voluntad. SU mano es vista claramente en la destitución de la reina Vasti y la coronación de la Reina Ester. DIOS usó la continua guía y sabiduría de Mardoqueo expresada a Ester –a pesar de que ella vivía en el palacio –para dirigirla durante un momento crítico de su pueblo. Aun mas, el que DIOS colocara a Ester como reina para el Rey Asuero, otorgándole a ella la increíble oportunidad para promulgar justicia. Hasta este punto, ella era la única persona que DIOS escogería para interceder por la vida de su pueblo, los judíos. ¡Qué maravilloso honor! DIOS la usó – como joven y mujer inexperta – para asegurar la protección de su pueblo del plan malvado de Amán.

Tenemos el privilegio de servir al mismo DIOS. ÉL nos concede oportunidades cada día para vivir en justicia para SU gloria. Aun así, ¿estamos dispuestas a tomar el riesgo y superar nuestros temores en SU fuerza? ¿Estamos dispuestas a responder al llamado de DIOS para "buscar la justicia" (1ª. Timoteo 6:11) para que el testimonio de SU iglesia refleje exactamente SU carácter? Que seamos animadas hoy a obedecer SU llamado –para que siempre sea uno de nuestros primeros pasos en justicia.

Considera cómo estos capítulos se aplican a tí…

1. Usando la concordancia de tu Biblia, un diccionario bíblico, o un diccionario normal, define el término rectitud o justicia. Explica por qué es importante comportarse rectamente – apoya tu respuesta con un versículo

2. Lee 1ª. Pedro 2:24. ¿En qué situación específica DIOS te ha estado llamando a que vivas en justicia, y cómo este versículo te inspirará a obedecerle?

REPASO INTRODUCTORIO: OBEDECIENDO EL LLAMADO DE DIOS

Ora para que DIOS cambie tu vida…

¡Aba Padre! Gracias por darme diariamente la oportunidad de comportarme rectamente para TU gloria. Por favor, dame un corazón obediente en todas las cosas para que TU carácter sea representado de una manera adecuada en mi vida. En el nombre de TU amado Hijo, JESÚS, Amén.

Lección 1B

REPASO INTRODUCTORIO: OBEDECIENDO EL LLAMADO DE DIOS

Primero, ven a SU presencia...

Amado PADRE Celestial, te adoro como al Único que siempre cumple sus propósitos. TÚ eres asombroso en poder y habilidad para orquestar cada detalle. Confieso que algunas veces me resisto a TU voluntad y prefiero estar cómoda. Por favor, enséñame a través de TU Palabra y por el poder del ESPÍRITU SANTO...

Lee lo que DIOS dice en Ester 1-10, y escribe tus observaciones de los capítulos 5 al 10. Un par de oraciones por capítulos serán adecuadas, o puedes ser lo más detallada que quieras. Asegúrate de incluir quiénes estuvieron envueltos, cómo lucía el lugar, dónde y cuándo ocurrió, etc.

Reflexiona en estos pensamientos...

Antes de que ocurrieran los eventos de Ester, casi 50,000 judíos regresarían a Jerusalén del cautiverio Babilónico. Como sea, no todos los judíos regresaron en este primer grupo guiado por Zorobabel,[5] así que el libro de Ester revela, hasta cierto punto, lo que era la vida de algunos de los judíos exiliados.[6] Además, el hecho de que uno de los últimos sucesos en las crónicas de Ester, en el Antiguo Testamento nos guía a una muy interesante y aleccionadora conclusión. El plan de Amán para exterminar al pueblo de DIOS, los judíos, es el último registro bíblico del mayor atentado para destruirlos, antes del nacimiento de JESUCRISTO. Si Amán hubiera tenido éxito, nadie del pueblo judío habría permanecido para traer al Mesías, ¡El SEÑOR JESUCRISTO! Los detalles de este plan se dieron a conocer en los capítulos 1 al 4, y los capítulos 5 al 10 revelan este impacto y los resultados eventuales.

Más específicamente, el capítulo 5 empieza con la valentía de la Reina Ester al aproximarse a la presencia del rey, y este acto de intercesión fue seguido por una asombrosa serie de eventos. DIOS en su soberanía, usó la apelación de Ester, para iluminar al Rey Asuero sobre el completo alcance del plan de Amán. Esto solicitó la acción del Rey, por lo cual Amán fue ejecutado y a la Reina Ester se le dio el completo control sobre la casa de Amán.

El Rey entonces le dijo a Mardoqueo que escribiera un nuevo edicto, y a los judíos se les otorgó el permiso del Rey para defenderse y destruir a sus enemigos. Ellos celebraron su victoria con la Fiesta del Purín la cual, Mardoqueo y la Reina Ester, formalmente establecieron.

En resumen, podemos aprender mucho de la valentía de la Reina Ester. Su obediencia al llamado de DIOS, movida hasta una acción de justicia, la cual DIOS usó para preservar a SU pueblo, los judíos.

Muchos años después, ellos fueron la misma gente de la que vino SU Hijo –nuestro Salvador –que nació en forma humana. ¡DIOS es en efecto asombroso en SU poder! Increíblemente suficiente, ÉL aún está interesado en usar a SU pueblo –incluso a mujeres como nosotras –para SUS propósitos hoy en día. Así que recordemos que la obediencia a ÉL en cada situación es una característica de justicia, porque la justicia empieza en el corazón.

Considera cómo estos capítulos se aplican a tí…

1. ¿En qué circunstancia (casa, escuela, iglesia, trabajo, etc.), DIOS te está usando para llevar a cabo su voluntad? Describe cómo has visto SU mano en los detalles y cómo esto te motiva a continuar en obediencia.

2. ¿Por quién de tu familia DIOS te está llamando a interceder en oración? Haz una lista de las áreas específicas en las cuales ellos necesitan oración, y aparta un tiempo en particular cada día en el cual ores por ellos. Lee Santiago 5:16 y explica por qué te anima a orar.

Ora que DIOS cambie tu vida…

¡Abba Padre! Gracias por completar siempre TUS planes, y por usarme para ayudar a cumplir éste en particular. Por favor, permite que mi corazón inmediatamente abrace TÚ voluntad en lugar de resistirse. En el nombre de TU Amado Hijo, JESÚS, Amén.

Lección 2A

HONRANDO A DIOS

Primero, ven a SU presencia...

Amado Padre Celestial, te adoro porque eres el DIOS eterno. TÚ has existido desde la fundación del tiempo, y existirás eternamente. Confieso la respuesta casual que algunas veces tengo hacia esta asombrosa verdad, y humildemente te pido la reemplaces con una abrumadora y constante reverencia por quien eres TÚ. Por favor, enséñame ahora a través de TU Palabra y por el poder de TU Espíritu santo...

Lee lo que DIOS dice en Ester 1:1-19 y escribe tus observaciones de los versículos 1-3. Asegúrate de incluir quién estuvo envuelto, qué lugar, dónde y cuándo ocurrió, etc.

Reflexiona en estos pensamientos...

El Rey Asuero era un gobernante extremadamente poderoso –su reino se extendía a 127 provincias de India y Etiopia. Aunque DIOS le dio poder, no hay ningún indicio de que el Rey lo reconociera. De hecho, es muy posible de que ese poder y autoridad se convirtieran en su identidad. En otras palabras, él probablemente dependía de su posición para definir quién era, y podía sentirse como alguien sin propósito sin él.

Desafortunadamente, esta puede ser la verdad de nosotras como mujeres. Más bien, DIOS es EL que nos define, nos basamos en una variedad de cosas que nos dicen quiénes somos y nos dan importancia. Podemos llegar a estar tan envueltas en nuestros roles de esposas, madres, hijas, ejecutivas, servidoras en la iglesia, voluntarias de la comunidad, amigas, etc., que a menudo olvidamos que nuestra identidad realmente existe en nuestra relación con DIOS, a través de SU Hijo JESUCRISTO. DIOS merece ser honrado a través de las posiciones que ÉL nos ha dado –no olvidándolo o ignorándolo, mientras tratamos de cumplirlas.

ALCANZANDO LA JUSTICIA

Considera cómo estos pasajes se aplican a tí...

1. ¿Con qué actitud estás manejando algún poder especifico, o autoridad, que DIOS te ha dado y cómo es tu actitud al honrarlo o deshonrarlo? Lee Efesios 6:4-9 y Colosenses 3:23-24 para obtener más comprensión sobre la perspectiva de DIOS con respecto a la actitud apropiada.

2. ¿En qué posición estas confiado para tu identidad e importancia? ¿Cómo podrías hoy, cambiar tu perspectiva y honrar a DIOS a través de esa posición?

3. Escribe un versículo de la Biblia, que describa un aspecto de quién eres en CRISTO. Explica cómo te sientes con esta verdad.

Ora para que DIOS cambie tu vida...

¡Abba Padre! Gracias por darme una posición de poder y autoridad, al igual que me das mi verdadera identidad en TU Hijo. Por favor, hazme una mujer que te honre con esa posición, y concédeme un profundo entendimiento de quién soy en CRISTO. En el nombre de TU Hijo Amado, JESÚS, Amén.

Lección 2B

HONRANDO A DIOS

Primero, ven a SU presencia...

Amado Padre Celestial, te adoro como el único DIOS. TÚ posees todo el poder y autoridad, aun así, TÚ eres un gentil y generoso DIOS. Confieso mi falta de respeto, en ciertas ocasiones hacia TÍ. Por favor, enséñame a través de TU Palabra y por el poder de TU ESPÍRITU SANTO...

Lee lo que DIOS dice en Ester 1:1-19 y escribe tus observaciones de los versículos 4-9. Asegúrate de incluir quién estuvo envuelto, qué lugar, dónde y cuándo ocurrió, etc.

Reflexiona en estos pensamientos...

El Rey Asuero estaba muy orgulloso de todas sus posesiones, lo cual se indicaba por el hecho de que él, demostraba su riqueza a la nobleza y líderes, por seis meses completos. ¡Después la exhibía a todos, por una semana más! Su esposa, la Reina Vasti, también mostraba su riqueza a todas las mujeres, durante una semana. Vino en abundancia, y de acuerdo a los deseos del Rey, sería servido en copas de oro para cada persona que él o ella dispusieran, todas las cosas, incluyendo la exquisita decoración, eran de la más fina calidad y aparentemente para el consentimiento, placer y comodidad que se derivaban de ellas.

Considera las semejanzas entre los reinos antiguos y nuestros "reinos" modernos en el mundo. DIOS ha bendecido a numerosos individuos con abundancia de comida, riquezas materiales y comodidades, no obstante, mucha gente toma estas bendiciones como muy merecidas y las usan egoístamente. De cualquier manera, DIOS merece que seamos agradecidas por SUS bendiciones y verdaderamente ser honrado como el dador de las mismas.

ALCANZANDO LA JUSTICIA

Considera cómo estos pasajes se aplican a tí...

1. ¿En su opinión, de qué beneficiosas maneras el Rey Asuero y la Reina Vasti pudieron haber usado sus posesiones?

2. ¿Qué bendiciones le ha dado DIOS a usted?

3. ¿Cómo va a honrar a DIOS con estas bendiciones esta semana? Lee 2a. de Corintios 9:6-14, Romanos 12:13, y 1a. de Pedro 4:9 para que te de guía y ánimo.

Ora para que DIOS cambie tu vida...

¡Abba! ¡Padre! Gracias por tus bendiciones y provisiones. Por favor, hazme una mujer que siempre te honre a Ti como el dador de cada una de ellas. En el nombre de TU Amado Hijo, JESÚS, Amén.

Lección 3A

DEPENDIENDO DE DIOS

Primero, ven a SU presencia...

Amado Padre Celestial, te adoro por TU fidelidad. TÚ nunca cambias y TÚ estás siempre disponible. Confieso que muchas veces respondo a situaciones, en mis propias fuerzas y al final lastimo a otros. Por favor, enséñame a través de TU Palabra y por el poder de TU ESPÍRITU SANTO...

Lee lo que DIOS dice en Ester 1:10-22, y escribe tus observaciones de los versículos 10-12. Asegúrate de incluir quién está envuelto, en qué lugar, dónde y cuándo ocurrió, etc.

Reflexiona en estos pensamientos...

Al principio de este pasaje, el Rey Asuero es descrito como el de corazón "alegre por el vino", y fue en este estado que él se convirtió en un comandante muy egoísta. ÉL ya había mostrado sus riquezas materiales inimaginables a cada persona, y ahora quiere exhibir a su bella esposa.

La Reina Vasti aparentemente ha consentido con el Rey hasta este punto, festejando y mostrando sus finas posesiones. Sin embargo, esta es la parte donde ella no estuvo de acuerdo–ella rechazó exhibirse delante de él y de todos los demás. Si bien algunos recursos dicen que el Rey Asuero mandó a la reina aparecer desnuda,[7] la Escritura no nos da todos los detalles de esta situación. Aun así esto queda claro, el rechazo de Vasti hizo enojar grandemente a Asuero, así que, "el rey se enojó mucho y se encendió en ira" (Vs. 12).

También nosotras somos culpables de responder a otros con enojo –especialmente cuando ellos desobedecen o están en desacuerdo con nosotras. Algunas veces, estallamos en ira, reaccionamos de manera horrible, y mostramos nuestras propia "ira ardiente". En contraste, DIOS desea que dependamos de ÉL, de SU gracia y sabiduría en estas situaciones.

ALCANZANDO LA JUSTICIA

Considera cómo estos pasajes se aplican a tí...

1. ¿De qué manera o maneras específicas usas a gente que significa algo en tu vida, para lucir bien? Contrasta eso con la manera que Filipenses 2:3-8 dice de cómo podríamos tratar a otros y seguir el ejemplo de CRISTO. ¿Qué pasos tomarás para cambiar eso?

2. ¿Cómo encaja DIOS en la escena cuando estás enojada? Describe tu "rutina normal de enojo" y explica qué efectiva o inefectiva es.

3. Para formarte un entendimiento bíblico sobre el enojo, escribe un punto central de cada uno de los siguientes versículos: Efesios 4:26-27, Colosenses 3:10, y Santiago 1:19-20. ¿De qué maneras podrías hacer crecer tu dependencia de DIOS y reconocer SU presencia en situaciones enloquecedoras?

Ora para que DIOS cambie tu vida...

¡Abba Padre! Gracias por tu voluntad para ayudarme y guiarme cuando estoy enojada. Por favor, hazme una mujer que dependa de TÍ, con la habilidad de responder en amor más que con enojo. En el Nombre de TU Amado Hijo, JESÚS, Amén

Lección 3B

DEPENDIENDO DE DIOS

Primero, ven a SU presencia...

Amado Padre Celestial, te adoro como el inmensurable sabio DIOS. TÚ entiendes cada situación de mi vida y tienes todas las respuestas. Confieso que a menudo deseo la guía de otros antes de venir a TÍ. Por favor, enséñame a través de TU Palabra y por el poder de TU ESPÍRITU SANTO...

Lee lo que DIOS dice en Ester 1:10-22 y escribe tus observaciones de los versículos 13-22. Asegúrate de incluir el quién, cómo, cuándo y dónde, etc.

Reflexiona en estos pensamientos...

Por el rechazo de la Reina Vasti a la orden del Rey Asuero, él tomó el consejo de hombres sabios. Él confió en lo que le recomendaron, como respuesta a su adecuada interpretación de la ley. Ellos le dijeron al Rey que Vasti podría ser removida y reemplazada como reina. Además, esta decisión fue escrita en la ley y las cartas que se enviaron para que "todo hombre afirmase su autoridad en su casa" (Vs. 22). Por último, DIOS usó estas circunstancias para introducir a Ester, una joven que podría jugar un papel significativo en la preservación de SU pueblo.

Cuando somos enfrentadas con nuestra necesidad de ser guiadas, tomamos decisiones así. Estas opciones resultan en decisiones que una a una reflejan nuestra dependencia de DIOS o independencia de ÉL. En todo caso, ÉL es el único que siempre puede darnos el consejo perfecto. Mientras más dependamos de ÉL, a través de la oración y de SU Santa Palabra, ÉL alumbrará nuestro camino.

ALCANZANDO LA JUSTICIA

Considera cómo estos pasajes se aplican a tí...

1. ¿De quiénes normalmente buscas consejo y por qué? ¿Qué tipo de resultados has logrado?

2. Escribe la definición del diccionario de la palabra dependencia, y escribe la definición en tus propias palabras.

3. ¿Qué puedes hacer hoy para depender de DIOS respecto a un problema específico, y cómo serás beneficiada de esta dependencia? Ve al Salmos 6:28; Salmos 119:104-105, 107 y Filipenses 4:6-7

Ora para que DIOS cambie tu vida...

¡Abba Padre! Gracias por escuchar siempre mi clamor para darme ayuda y dirección. Por favor, hazme una mujer que totalmente dependa primeramente de TÍ en cada circunstancia de mi vida. En el Nombre de TU Amado Hijo, JESÚS, Amén.

Lección 4A

CONFIANDO EN DIOS

Primero, ven a SU presencia…

Amado Señor JESÚS, te adoro como el Único que "es el mismo ayer, hoy y por los siglos" (Heb. 13:8). Confieso que muchas veces quiero manejar los cambios con mis propios métodos en lugar de buscar TU camino. Por favor, enséñame a través de TU Palabra y por el poder del ESPÍRITU SANTO…

Lee lo que DIOS dice en Ester 2:1-8 y escribe tus observaciones de los versículos 1-4. Asegúrate de incluir el quién, cómo, cuándo y dónde, etc.

Reflexiona en estos pensamientos…

Leyendo en Ester 2:1-8 entendemos que después, la ira del Rey Asuero menguó, él reflexionó sobre la Reina Vasti y su destierro. Por su propio decreto, ocurrió un cambio significativo en su vida, lo que causó que él escuchara el consejo de sus asistentes. Le recomendaron que buscara una nueva reina, y él aceptó con placer esta sugerencia. Así que, los planes se hicieron para reunir a todas las bellas vírgenes de todas partes del reino y traerlas al harem del rey. De esta manera la búsqueda empezó.

Tal vez en su corazón el rey realmente estaba buscando la estabilidad y comodidad que una esposa puede proveer, porque este cambio en su estatus marital, era incómodo para él. Cualquiera que haya sido el caso, él experimentó los resultados de su enojada decisión y de buscar una solución en sus propias fuerzas, para arreglar esta situación.

Igualmente, muchas veces traemos cambios difíciles a nuestras vidas por las decisiones que tomamos. La pregunta es ¿cómo esto nos mueve a seguir adelante? ¿Tomamos asuntos en nuestras propias manos y tratamos de manipular el futuro a nuestro favor, o podemos usar la sabiduría de DIOS y descansar en SU habilidad para dirigir nuestros pasos? Mientras encontramos cambios, confiemos en que DIOS tiene un plan para nuestras vidas que excede cualquier cosa que implementemos por nosotras mismas.

ALCANZANDO LA JUSTICIA

Considera cómo estos pasajes se aplican a tí...

1. ¿Qué persona en tu vida ha sufrido por alguna mala decisión que hayas tomado? Basado en Hebreos 12:14, Salmos 34:14-15, y Mateo 5:23-24, describe que esfuerzos puedes hacer esta semana para reconciliarte.

2. Cuando experimentas un cambio difícil, ¿a qué o a quién recurres para buscar bienestar y dirección, hasta el grado de quedar satisfecha?

3. ¿Qué cambio está afectando tu vida? Lee el Salmo 121 y haz tu propia oración al DIOS que te ayudará y que te guiará en los días venideros.

Ora para que DIOS cambie tu vida...

¡Abba Padre! Gracias por tu innegable abundancia de gracia y misericordia, Por favor, ayúdame a confiar en TÍ como el que conoce mis necesidades en cada etapa de cambio. En el nombre de TU Amado Hijo, JESÚS, Amén

Lección 4B

CONFIANDO EN DIOS

Primero, ven a SU presencia…

Amado Padre Celestial, te adoro porque eres sumamente digno de confianza, Y confieso que algunas veces mis pensamientos o acciones subestiman este aspecto de TU carácter.

Lee lo que DIOS dice en Ester 2:1-8 y escribe tus observaciones de los versículos 5-8. Asegúrate de incluir el quién, cómo, cuándo y dónde, etc.

Reflexiona en estos pensamientos…

La búsqueda de una nueva reina no tenía que ir tan lejos para incluir a Ester —ella en ese momento vivía en Susa, la capital, con su tío Mardoqueo. Sin ninguna consideración por su vida o planes futuros, ella fue llevada y dejada en el palacio.

Es notable mencionar que Mardoqueo y Ester eran extranjeros en esa tierra, porque ellos eran judíos exiliados. De hecho, lo más probable es que ambos hubiesen nacido en cautiverio ya que el bisabuelo de Mardoqueo, Joaquín, había estado exiliado desde hacía 100 años[8] (Ver 2 de Reyes 24:8-16).

Además, Ester era huérfana —alguien que experimentó el dolor de perder a ambos padres. Justo cuando ella se acoplaba a esta trágica alteración en su vida, ella podría ver su nueva residencia en el palacio como otra perturbación. A través de todo esto no había opciones, ella estaba enfrentando un mayor reto en su vida. Aun así, ella se debió aferrar a su confianza en DIOS y aceptar que eso era parte de SU plan para su vida.

En SU soberanía, DIOS le abrió las puertas del palacio y le dio un lugar dentro de él, aunque ella no sabía por qué, en ese momento. De la misma manera DIOS nos pone en lugares o circunstancias que pueden estar fuera de nuestra zona de comodidad, pero que perfectamente encajan en SU plan. Que aprendamos, calladamente a confiar en Dios en medio de cada circunstancia inesperada de la vida.

Considera cómo estos pasajes se aplican a tí...

1. ¿En qué situaciones o circunstancias "foráneas" DIOS te ha puesto en el pasado o al presente, para lograr sus propósitos? ¿Qué puede DIOS hacer o usar para defenderte y glorificarse?

2. ¿Con qué actitud respondes a las interrupciones en tu vida? Lee Isaías 45:9 y 64:8, y después explica cómo estos versículos te retan a aceptar los cambios como parte de SU trabajo en tí.

3. ¿Cuáles de las características de DIOS te consuelan en tiempos de cambio y por qué? Selecciona un pasaje de la Biblia que te anime a confiar en ÉL y escríbelo en el espacio de abajo.

Ora para que DIOS cambie tu vida...

¡Abba Padre! Gracias por ser soberano en cada situación. Por favor, permíteme aceptar los cambios como parte de TU trabajo en mi vida y confiar en que TÚ siempre tienes el mejor plan. En el nombre de TU Amado Hijo, JESÚS, Amén.

Lección 5A

REFLEJANDO A CRISTO

Primero, ven a SU presencia…

Amado Padre Celestial, te adoro como mi Padre protector. Confieso que algunas veces tomo TU amor con el que me cuidas por sentado y actúo como una hija mal agradecida. Por favor, enséñame a través de TU Palabra y por el poder de TU ESPÍRITU SANTO…

Lee lo que DIOS dice en Ester 2:9-17 y escribe tus observaciones de los versículos 9-11. Asegúrate de incluir el quién, qué, dónde y cuándo, etc.

Reflexiona en estos pensamientos…

Esta porción del capítulo 2 empieza con la revelación de la profundidad del carácter de Ester. Es obvio que ella era una mujer físicamente hermosa, sin embargo también lo eran otras mujeres jóvenes. Así qué, ¿quién era ella para ser apartada para la corona? Probablemente ella poseía una belleza interior magnética.

De acuerdo al verso 9, su primera estadía en el palacio fue con Hagai, "quien estaba a cargo de las mujeres" y con quien ella "encontró favor". Es posible que él haya sentido algo de piedad hacia Ester, porque es claro que él le mostró bondad dándole preferencia con respecto a los cosméticos, comida, siervas y hospedaje.

Además, el silencio de Ester acerca de su nacionalidad indicó su respeto por Mardoqueo, al obedecer sus instrucciones. En lugar de afirmar su independencia, ella exhibió un espíritu sumiso y sabiduría dada por DIOS.

Por último, Ester seguramente apreció el cuidado de Mardoqueo y el beneficio de su ojo vigilante, que diariamente supervisaba su bienestar.

Nos podemos identificar con la experiencia de Ester al recordar las múltiples bondades, provisiones y protecciones de DIOS para con nosotras. SU presencia y su carácter pueden ser reflejados en nosotras en cada circunstancia.

Considera cómo estos pasajes se aplican a tí...

1. Justo como DIOS proveyó para Ester a través de la ayuda de Hagai, describe alguna vez cuando DIOS proveyó para tí en medio de una situación difícil. Toma algunos momentos para agradecerle por SU bondad y cuidado.

2. Piensa en una figura de autoridad que DIOS ha puesto en tu vida y una instrucción específica que esa persona te dio. Lee Colosenses 3:22, Tito 3:1, y escoge el versículo que mejor se aplica a tu situación.

   ¿Cómo afectará este versículo tus acciones hoy?

3. Enlista nombres de personas que DIOS ha puesto en tu vida para cuidarte. Escoge a uno a quién puedas expresarle tu gratitud en esta semana, ya sea verbalmente, con una nota, un correo electrónico, u otro medio.

Ora para que DIOS cambie tu vida...

¡Abba Padre! Gracias por poner gente en mi vida que son fieles en cuidarme. Por favor, dame una buena actitud –una que refleje a CRISTO –en cada circunstancia. En el nombre de TU Amado Hijo, JESÚS, Amén.

Lección 5B

REFLEJANDO A CRISTO

Primero, ven a SU presencia...

Amado Padre Celestial, te adoro por TU incomparable belleza revelada en TU HIJO, JESUCRISTO. Confieso que algunas veces estoy más interesada en mi apariencia externa que en que SU belleza sea formada en mí. Por favor, enséñame a través de TU Palabra y por el poder de TU ESPÍRITU SANTO...

Lee lo que DIOS dice en Ester 2:9-17 y escribe tus observaciones de los versículos 12-17. Asegúrate de incluir el quién, qué, dónde y cuándo, etc.

Reflexiona en estos pensamientos...

Cuando llegó el tiempo de visitar al Rey, sabiamente Ester hace caso a una recomendación de Hagai de lo que debía llevar con ella. Esto evidentemente trabajó a favor de ella, porque ella se ganó el corazón del Rey y fue coronada como nueva reina.

Parece que el orgulloso y poderoso Rey Asuero fue atraído por Ester al grado de que, genuinamente la amó. Recordemos, que él quedó desencantado con Vasti debido al carácter de ella, no por su apariencia física. Así que quizás él vislumbró algo de fuerza y belleza en el carácter de Ester, que se oponía a Vasti y a otras mujeres.

Igualmente, DIOS puede usar la belleza de CRISTO que está dentro de nosotras para ponernos en lugares donde, de otra manera nunca podríamos llegar. Nuestro enfoque diario podría estar nutriéndose de una belleza interior, por la relación que tenemos con DIOS a través de la oración, estudio de SU Palabra, y aplicación a nuestra vida. Cuando estamos constantemente en un estado de crecimiento espiritual, DIOS cada vez utilizará el reflejo de SU carácter en nosotras, para impactar a otros para SU gloria.

ALCANZANDO LA JUSTICIA

Considera cómo estos pasajes se aplican a tí...

1. ¿Qué consejo has recibido recientemente y cómo DIOS te ha guiado a responder?

2. ¿Cuáles características de CRISTO posees (ejemplo: humildad, compasión, amor, bondad)? ¿Cómo estos aspectos de SU belleza atraen a otros hacia tí, y subsecuentemente hacia ÉL? Da un ejemplo si es posible.

3. Lee Juan 3:30 y 2ªCorintios 3:18. Particularmente ¿En qué característica de CRISTO te gustaría crecer y cómo te enfocarás en eso, hoy?

Ora para que DIOS cambie tu vida...

¡Abba Padre! Gracias por el constante trabajo de formar el carácter de CRISTO en mí. Que la belleza de TU Hijo —la belleza de SU carácter— Se refleje en mi vida hoy. En el nombre de TU Amado Hijo, JESÚS, Amén.

Lección 6A

GLORIFICANDO A DIOS

Primero, ven a SU presencia...

Amado Padre Celestial, te adoro porque TU gloria llena toda la tierra y eclipsa todo lo demás. Confieso que TU gloria no siempre es mi motivación para hacer las cosas. Por favor, enséñame a través de TU Palabra y por el poder de TU ESPÍRITU SANTO...

Lee lo que DIOS dice en Ester 2:18-23 y escribe tus observaciones de los versículos 18-20. Asegúrate de incluir el quién, qué, dónde y cuándo, etc.

Reflexiona en estos pensamientos...

En la porción de Ester 2, aprendemos que Ester fue grandemente honrada por su nuevo esposo, el Rey Asuero. No sólo hizo un gran banquete para ella, él también declaró un día de celebración y dio regalos. A través de ningún esfuerzo propio, esta buena mujer hubiera sido levantada a un lugar prominente. Aun así, ella no olvidó quién era, en el sentido de ser sobrina de Mardoqueo y una judía. Ella continuó atendiendo al consejo de Mardoqueo, guardando su herencia en secreto. Ella no permitió que su posición como Reina cambiara su carácter, más bien lo mantuvo en esta nueva posición de influencia.

¡Qué valiosa lección podemos aprender de la conducta de Ester! La manera en que respondemos a la aprobación u opinión de otros revela mucho acerca de quiénes somos y cómo nos conducimos. Cómo es de importante que siempre guardemos la perspectiva correcta de que DIOS nos pone en lugares de cierta posición, para SU gloria.

ALCANZANDO LA JUSTICIA

Considera cómo estos pasajes se aplican a tí...

1. ¿De qué manera podrías honrar a tu cónyuge o a alguien importante para tí, en esta semana?

2. ¿Cómo afecta tu comportamiento los pensamientos y opiniones de otros? Lee Colosense 3:17, 23 y 1ªCorintios 10:31 y explica cómo estos versículos te dan un sentido de libertad, así como de responsabilidad.

3. ¿Qué valiosa lección obtuviste de tu infancia? Encuentra un versículo de la Biblia que apoye esta lección y explica cómo continúas apegándote a ella, hoy.

Ora para que DIOS cambie tu vida...

¡Abba Padre! Gracias por darme diferentes posiciones de influencia. Por favor, permite que mis motivaciones y deseos vengan de una pasión por TU gloria. En el nombre de TU Amado Hijo, JESÚS, Amén.

Lección 6B

GLORIFICANDO A DIOS

Primero, ven a SU presencia…

Amado Padre Celestial, TÚ carácter de excelencia excede mi comprensión. Confieso que diariamente, en los retos de la vida, mi carácter a menudo no te glorifica. Por favor, enséñame a través de TU Palabra y por el poder de TU ESPÍRITU SANTO…

Lee lo que DIOS dice en Ester 2:18-23 y escribe tus observaciones de los versículos 21-23. Asegúrate de incluir el quién, qué, dónde y cuándo, etc.

Reflexiona en estos pensamientos…

Se ha dicho que Mardoqueo trabajó en alguna posición para el Rey Asuero,[9] lo cual era posible por su continua presencia a la puerta del rey. Además, también se ha pensado que Mardoqueo era un eunuco debido a la proximidad con que él llegaba al harem[10] (Ester 2:11). Aunque la Escritura no revela completamente la posición de Mardoqueo, se destaca más su conducta en estos últimos versículos del capítulo 2.

Porque estaba sentado a la puerta del rey, Mardoqueo se dio cuenta de una amenaza de muerte en contra del rey. Pudo ser extremadamente tentador para él permanecer quieto en lugar de involucrarse. Aun así Mardoqueo escogió hacer lo correcto y tomar esta información y mantener al tanto a Ester en bien de la protección de Asuero. Igualmente, hay ocasiones cuando somos expuestas a información sensible. Como Mardoqueo, que también glorifiquemos a DIOS expresando SU carácter en la manera en que manejamos la situación. DIOS es justo, y ÉL nos llama a hacer lo mismo.

ALCANZANDO LA JUSTICIA

Considera cómo estos pasajes se aplican a tu vida...

1. ¿Qué tentaciones estas enfrentando cuando, involuntariamente escuchas información confidencial? ¿Cuál versículo de la Biblia puede darte fuerza para resistir esta tentación?

2. ¿Qué conocimiento posees que puedes usar para el bien de otra persona? ¿Cómo podrías glorificar a DIOS, esta semana en la manera de tratarlo?

3. Lee Efesios 4:15, 25, 29 y 5:4. Escribe cada versículo en tus propias palabras y brevemente explica cómo los versículos te convencen acerca de la manera en que hablas.

Ora para que DIOS cambie tu vida...

¡Abba Padre! Gracias. Por lo que haces en mí, a través de mí, y por mí, hoy. Por favor, usa mis labios para glorificarte en cada situación. En el nombre de TU Amado Hijo, JESÚS, Amén.

Lección 7A

FIRMES EN DIOS

Primero, ven a SU presencia…

Amado Padre Celestial, TÚ eres mi razón de vivir –TÚ eres la vida misma. Sin embargo, confieso que a menudo olvido esto y permito que mi temor al ridículo en público, me detenga de estar Firme delante de TÍ. Enséñame a través de TU Palabra y por el poder de TU ESPÍRITU SANTO…

Lee lo que DIOS dice en Ester 3:1-6 y escribe tus observaciones de los versículos. Asegúrate de incluir el cómo, qué, dónde, cuándo, etc.

Reflexiona en estos pensamientos…

Este pasaje nos muestra las demandas del orgullo versus el sacrificio del amor. Amán fue promovido. Amán fue exaltado. Amán se amaba así mismo. El deseaba la adoración, de igual manera que Satanás la deseó antes de su caída.

Aunque comandado por el rey, Mardoqueo rechazó adorar a otro, que no fuera DIOS y se mantuvo firme en esta convicción. Los sirvientes trataban diariamente de cambiar su parecer, y él no sucumbió a sus esfuerzos. De hecho, Mardoqueo les dijo que él era un judío, lo cual era razón por la que él no se inclinaría ni pagaría tributo a Amán. Él se mantuvo firme, incluso aunque eventualmente los sirvientes le notificaron a Amán de su conducta y nacionalidad. En lugar de permitir que el temor por las consecuencias gobernara su comportamiento, Mardoqueo conocía lo que era correcto hacer y valientemente se mantuvo firme para honrar a DIOS.

Hay momentos en los que estaremos sujetas a presiones negativas. ¿Seremos influenciadas por otros o fielmente amaremos al SEÑOR nuestro DIOS con todo nuestro corazón, alma, mente y fuerzas (Marcos 12:30)? No muy lejos, hay lugares en nuestro país donde han "removido" legalmente a DIOS. A pesar de estas restricciones, que siempre estemos firmes en DIOS, mientras SU ESPÍRITU SANTO nos guía. DIOS valora nuestra fidelidad sincera.

ALCANZANDO LA JUSTICIA

Considera cómo estos pasajes se aplican a tu vida...

1. ¿De qué maneras buscas honor para tí misma, y cuál es tu motivación para hacerlo?

2. ¿En qué situaciones has comprometido o no has comprometido tu lealtad a DIOS y por qué? Explica cómo Josué 1:9, Isaías 41:10, y Salmos 118:6 te anima a llegar a ser o seguir siendo fiel en el futuro.

3. ¿En qué situación estarás firme para honrar a DIOS? ¿Y cómo?

Ora para que DIOS cambie tu vida...

¡Abba Padre! Gracias por ser un DIOS de dignidad y el Único que es digno de respeto. Por favor, fortaléceme para estar firme en TÍ aun cuando nadie más lo entienda. En el nombre de TU Hijo Amado, JESÚS, Amén.

Lección 7B

FIRMES EN DIOS

Primero, ven a SU presencia...

Amado Padre Celestial, te adoro por TU magnificencia, santidad y esplendor. Confieso que TU grandeza usualmente la pongo a un lado cuando soy absorbida por mi propio mundo. Por favor, enséñame a través de TU Palabra y por el poder de TU ESPÍRITU SANTO...

Lee lo que DIOS dice en Ester 3:1-6 y escribe tus observaciones de los versículos 5-6. Asegúrate de incluir el quién, qué, dónde, cuándo, etc.

Reflexiona en estos pensamientos...

Aun cuando la Escritura no nos da una razón exacta por el odio de Amán, es posible que él tuviera un rencor familiar. SU pueblo, los Amalecitas/Agagueos, fueron casi completamente aniquilados por los judíos durante los días del Rey Saúl (Ver 1º Samuel 15).

Muy interesante resulta que en el contexto del amor de Mardoqueo por DIOS, el corazón de Amán se subleva. El que Mardoqueo estuviera firme en DIOS desató la rabia de Amán y su subsecuente plan para exterminar a todos los judíos. Seguramente esta no fue la reacción que Mardoqueo deseaba, pero algunas veces es la consecuencia inicial de un comportamiento justo que no es lo que esperamos.

Sin embargo, Mardoqueo nunca se disculpó por sostener la verdad de sus convicciones. Él sabía la importancia de hacer lo que es justo lejos de cualquier racionalización para buscar la "paz". Además, él sabía que DIOS estaba en control y era digno de confianza.

Que aprendamos de Mardoqueo que DIOS merece tener el más alto honor –no importa el costo. También, que aprendamos de Amán que estar llenos de rabia (Vs. 5) porque nuestro propio orgullo ha sido insultado nos muestra que pensamos muy altamente de nosotras mismas. En la vida cristiana, DIOS nos llama a practicar la humildad y dirigir toda la gloria a ÉL. Sólo ÉL es digno de nuestra adoración.

ALCANZANDO LA JUSTICIA

Considera cómo estos pasajes se aplican a tí...

1. ¿Qué piensas o qué pensamientos pasan por tu cabeza cuando alguien no te muestra el respeto que piensas que te mereces? Lee 2ª de Corintios 10:5 y Santiago 4:6, 10. Explica cómo estos versículos impactarán tu comportamiento futuro en tal situación.

2. Recientemente ¿Qué circunstancias te han "llenado de rabia" y por qué? Basados en 1ª Juan 1:9, ¿cómo tratarás con este enojo hoy, si todavía no lo has confrontado?

3. ¿Qué tan bien aceptas a creyentes de diferentes nacionalidades o trasfondos? Pide a DIOS que te revele cualquier prejuicio que tengas, y describe la perspectiva de DIOS de acuerdo a Colosenses 3:10-11.

Ora para que DIOS cambie tu vida...

¡Abba Padre! Gracias por darme las oportunidades de estar firme en TÍ en varias circunstancias. Por favor, dame pasión por TU honor y humildad para promoverte a TÍ en lugar de a mí misma. En el nombre de TU Amado Hijo, JESÚS, Amén.

Lección 8A

CEDIENDO EL CONTROL

Primero, ven a SU presencia…

Amado Padre Celestial, TÚ eres El-Roí, el DIOS que ve. "TU entendimiento es infinito" (Salmo 147:5), y estoy sombrada de que TÚ cuidas cada detalle de mi vida. Confieso que es difícil soltar todos esos detalles que afectan mi corazón profundamente, y permiten que la amargura crezca. Por favor, enséñame ahora a través de TU Palabra y por el poder de TU ESPÍRITU SANTO…

Lee lo que DIOS dice en Esther 3:7-11 y escribe tus observaciones de los versículos 7-9. Asegúrate de incluir el quién, qué, dónde y cuándo, etc.

Reflexiona en estos pensamientos…

Ester 3:7-11 nos provee una ventana dentro del corazón de Amán. El versículo 7 revela que han transcurrido cinco años desde que Ester vino a ser reina (vea Esther 2:16). Además nos informa que Amán arroja información, evidentemente con un propósito distinto en su mente. Amán estaba lleno de amargura. Su odio por Mardoqueo y todos los judíos lo estaba consumiendo, esto causó que él formulara un plan para eliminarlos. Después de considerar cuidadosamente cada aspecto, Amán se acercó al rey con su plan. Primero, se mantuvo impersonal al mencionar que había "cierta gente"; no estaba especificando que se estaba refiriendo al pueblo judío. Segundo, engañó al rey hasta el punto de que creyera que ellos eran completamente rebeldes, diciéndole, ellos no guardan las leyes del rey (Vs. 8). Verdaderamente, observamos que la única ley del rey que Mardoqueo se negó a obedecer fue ¡la de postrarse y rendir homenaje a Amán (Ester 3:2-3)! Por último amán ofreció pagarle al rey un gran monto de plata, si el rey estaba de acuerdo con su plan.

Amán seguramente tenía mucha labia, haciendo sonar como que si la raíz de sus motivos eran los mejores intereses del rey. Desafortunadamente, nuestros corazones a menudo son como el de él. Nuestro orgullo se siente insultado o desafiado y por consiguiente respondemos con odio o, a lo mejor, con un disgusto bajo de agua contra la persona. Antes que nos percatemos, estamos cultivando amargura que empaña nuestra visión de la persona que nos ofendió e innegablemente afecta nuestro comportamiento. Algunas veces podemos ir más allá y manipular a la gente o circunstancias, para producir resultados que nos favorezcan. Todavía, DIOS desea que le cedamos el control trayendo nuestro dolor a ÉL, permitiéndole manejar los detalles. ÉL posee el poder, sabiduría y autoridad para, efectivamente, tratar con cada circunstancia – y simultáneamente sanar nuestros corazones.

ALCANZANDO LA JUSTICIA

Considera cómo estos pasajes se aplican a tí...

1. ¿En qué área de tu vida permites que la amargura crezca y por cuánto tiempo la has cultivado? Sé específica.

2. ¿Qué dice Hebreos 12:14-15, acerca de la amargura y sus efectos? ¿Cómo tratarás hoy con la amargura que mencionaste en la pregunta anterior?

3. ¿Recientemente, en qué situación has alterado ligeramente la verdad para beneficiarte?

Ora para que DIOS cambie tu vida...

¡Abba PADRE! Gracias por revelarme áreas de amargura que he escondido profundamente en mi corazón. Por favor, sana mi dolor y permíteme cederte el control con el cual trato de protegerme a mí misma. En el nombre de TU HIJO Amado, JESÚS, Amén.

Lección 8B

CEDIENDO EL CONTROL

Primero, ven a SU presencia...

Amado Padre Celestial, te adoro como mi Único Suficiente. Confieso que muchas veces me aferro a mi propia sabiduría y planes, en cambio someto todo completamente a TU control. Por favor, enséñame ahora a través de TU Palabra por el poder del ESPÍRITU SANTO...

Lee lo que DIOS dice en Ester 3:7-11 y escribe tus observaciones de los versículo 10-11. Asegúrate de incluir el quién, qué, dónde y cuándo, etc.

Reflexiona en estos pensamientos...

El plan malvado de Amán no encontró resistencia de parte del Rey Asuero. De hecho, es asombroso como tan fácilmente él le concedió permiso para matar a todo un pueblo. En lugar de considerar sabiamente la propuesta de Amán, y tomar en cuenta el precioso valor de la vida humana, él, inmediatamente cedió el control a Amán de toda la situación. No parece que el rey haya considerado los motivos de Amán o haberse interesado sobre quién era esa gente.

El rey Asuero tontamente confió en Amán al grado de promulgar un decreto asesino basado, relativamente en muy poca información. Amán básicamente apeló al orgullo del rey, y el rey fue complaciente al ordenar la muerte de mucha gente solamente para protegerse a sí mismo y a su posición.

De la misma manera, algunas veces damos el control de nuestros corazones y vidas a las fuentes equivocadas. Decimos que sólo confiamos en DIOS, aunque la realidad es que a menudo nos basamos en la perspectiva del mundo, otros consejos de la gente, o en nosotras mismas antes de someternos a DIOS. De cualquier modo, como hijas de DIOS, fortalecidas por el ESPÍRITU SANTO, necesitamos ceder nuestro control al SEÑOR, y de buena voluntad rendirnos a SU completo control.

ALCANZANDO LA JUSTICIA

Considera cómo estos pasajes se aplican a tí...

1. ¿A quién o a qué estas permitiendo influenciar en tu mente de manera negativa? Basados en Romanos 12:1-2 y Colosenses 3:10 describe una acción que tomarás esta semana para contrarrestar esa influencia.

2. ¿En qué situación necesitas ceder el control a DIOS? ¿Cómo el Salmo 131:2, Isaías 26:3-4, Salmo 23:1 y Proverbios 3:5-6 te animan a ceder el control a DIOS?

3. Describe una circunstancia en la cual aprendiste que sólo DIOS (como contrario a otra persona) es digno de toda tu confianza.

Ora para que DIOS cambie tu vida...

¡Abba PADRE! Por la seguridad y dirección que encuentro en TU Presencia. Por favor, ayúdame verdaderamente a reconocer a TU HIJO como mi SEÑOR Y MAESTRO en cada aspecto de mi vida, en el nombre de TU Amado HIJO JESÚS. Amén.

Lección 9A

RESPONDIENDO AL SUFRIMIENTO

Primero, ven a SU presencia...

Amado Padre Celestial, te adoro por TU tierna compasión. Confieso que mi corazón es a menudo duro e insensible a las necesidades a mi alrededor. Por favor, enséñame a través de TU Palabra por el poder del ESPÍRITU SANTO.

Lee lo que DIOS dice en Ester 3:12-43 y escribe tus observaciones del 3:12-15. Asegúrate de incluir el quién, qué, dónde y cuándo, etc.

Reflexiona en estos pensamientos...

¿No es interesante que diligentemente se le diera demasiada atención a los detalles en la distribución y redacción de este edicto malvado? Después de que Amán dio instrucciones explícitas sobre qué escribir, fue traducido en cada lenguaje en particular y enviado a cada provincia.

Aunque Amán fue la persona responsable de este plan para aniquilar a los judíos, en última instancia el plan puede ser atribuido a Satanás. Desde la creación, él ha buscado maneras de destruir los propósitos de DIOS para la humanidad. Él logró hacer ¨tropezar¨ a Adán y Eva, pero entonces, se enfrentó con la promesa de un Salvador que DIOS proveería, Génesis 3:15. En sus esfuerzos de evitar el cumplimiento de esa promesa, Satanás fue el autor intelectual de este decreto para erradicar al pueblo de DIOS – y Amán fue el hombre que usó para ponerlo en marcha. En cuanto al rey, fue ambivalente en cuanto a este importante evento. Mientras que el edicto provocaba caos en Susa, el rey Asuero y Amán ¨se sentaron a beber¨ (Vs. 15). Al rey, no parecía perturbarle el hecho de que acababa de aprobar una ley para asesinar a miles de personas

La actitud del rey es un excelente ejemplo de la apatía hacia el sufrimiento. Tristemente somos iguales cuando, egoístamente buscamos nuestra propia satisfacción en la vida. Nuestro mundo está ocupado con incontables atrocidades que nos negamos a reconocer. Sin embargo, como cristianas debemos ser las primeras en darnos cuenta y las primeras en mostrar compasión. Que DIOS despierte nuestros corazones para responder al sufrimiento con oración y acción.

ALCANZANDO LA JUSTICIA

Considera cómo estos pasajes se aplican a tí...

1. Así como esta carta de destrucción fue enviada a todas partes, ¿a quiénes les darás la Biblia, "la carta de amor de DIOS" para la humanidad en esta semana? Lee el Salmo 119:81-82, 103-105, 130, 140, 160 y 2 Timoteo 3:16-17, para un profundo entendimiento del valor de la Palabra de DIOS.

2. ¿Cómo es tu comportamiento cuando alguien está sufriendo física, emocional o espiritualmente? Pide a DIOS que te perdone por este comportamiento pecaminoso y que suavice tu corazón con SU amor y compasión.

3. ¿Hacia qué evento trágico actual estas siendo ambivalente, porque "eso no te afecta"? ¿Cómo puedes rechazar la apatía e involucrarte en esta situación hoy para la gloria de DIOS?

Ora para que DIOS cambie tu vida...

¡Abba Padre!, gracias por bendecirme con libertad y recursos en este país. Ayúdame a responder con TU compasión al que necesita física, mental, espiritual y emocionalmente de otros. En el nombre de TU amado Hijo, JESÚS, amén.

Lección 9B

RESPONDIENDO AL SUFRIMIENTO

Primero, ven a SU presencia…

Amado PADRE Celestial, te adoro como el "DIOS de todo consuelo" (2ª Cor. 1:3) y como el Único que me conforta en mi angustia. Confieso que tiendo a enfocarme en mis propios pesares, más que en el sufrimiento de otros. Por favor, enséñame ahora a través de TU Palabra por el poder del ESPÍRITU SANTO…

Lee lo que DIOS dice en Ester 3:12-4:3 y escribe tus observaciones del 4:1-3. Asegúrate de incluir el quién, qué, dónde y cuándo, etc.

Reflexiona en estos pensamientos…

La reacción de Mardoqueo al edicto fue de desesperación. Él no quiso guardar su angustia en privado, sino que rompió sus vestidos, se vistió de cilicio y de ceniza, y gritó con angustia. Quizá Mardoqueo se sentía responsable por ese decreto de muerte, ya que él estaba en contra de Amán y este se precipitó a hacer el mal. Además, los judíos de todas partes respondieron de la misma manera, y algunos de ellos, aun ayunaron. Muchos de ellos se angustiaron cuando se dieron cuenta de su inminente muerte y también se preocuparon por sus familiares y amigos.

¡Que increíble pesadilla la que ellos enfrentaron! Aun así, DIOS tenía un gran plan para su pueblo. SU soberana mano (aunque ellos no la veían, en medio de la desesperación) continuó sosteniéndolos con un cuidado amoroso. DIOS escuchó su clamor desesperado por ayuda y los cuidó con compasión.

¡Oh, como necesitamos seguir su ejemplo en nuestro mundo hoy en día! Estamos rodeados de situaciones de calamidad, DIOS nos conceda escuchar y que nuestros corazones respondan al sufrimiento de otros.

ALCANZANDO LA JUSTICIA

Considera cómo estos pasajes se aplican a tí...

1. De acuerdo al Salmo 62:8 y 1ª de Pedro 5:7. ¿A quién debes expresar tus emociones durante tiempos difíciles y por qué?

2. Lee 2ª de Corintios 1:3-5 y Romanos 8:35-39. ¿Qué vergüenza llena tu corazón hoy, y cómo estos versículos levantan tu espíritu?

3. ¿Cómo es afectado tu corazón cuando contemplas que algunos de tus parientes no conocen a CRISTO y, por lo tanto, ellos morirán en sus pecados y sufrirán el infierno eterno? ¿Qué harás esta semana en favor de ellos?

Ora para que DIOS cambie tu vida...

¡Abba Padre! Gracias por el poder sanador de TU amor y TU compasión en mi vida. Por favor, atraviesa mi corazón con la necesidad de Salvación en mi familia y dame la fuerza para orar fielmente por ellos. En el nombre de TU amado Hijo, JESÚS. Amén.

Lección 10A

RECHAZANDO EL TEMOR

Primero, ven a SU presencia…

Amado Padre Celestial, te adoro como mi Fiel Protector. Confieso que algunas veces doy más atención a mis temores que a TU verdad. Por favor, enséñame ahora a través de TU Palabra por el poder del ESPÍRITU SANTO…

Lee lo que DIOS dice en Ester 4:4-14 y escribe tus observaciones de los versículos 4-12. Asegúrate de incluir el quién, qué, dónde y cuándo, etc.

Reflexiona en estos pensamientos…

¿Has sido sorprendida por noticias devastadoras? Así fue como la Reina Ester se sintió cuando se enteró del decreto del Rey. De repente, la vida predilecta que había vivido durante los últimos cinco años era amenazada. Su vida y la vida de su pueblo iban a ser destruidas debido a su herencia judía. Ester se percató de los detalles a través de Hatac –uno delos eunucos del Rey –después que éste habló con Mardoqueo por órdenes de Ester. ¡Qué eventos tan turbulentos!

Por si fuera poco, Mardoqueo mandó a Ester a presentarse delante del Rey y a que intercediera a favor de su pueblo. La respuesta de Ester fue de temor – ¿no sabía Mardoqueo que entrar en la presencia del Rey sin ser invitada significaba muerte segura? - La única esperanza era que el Rey Asuero extendiera su cetro de oro para salvar la vida de la visitante. Sin embargo, como su miedo seguramente se incrementaba, rápidamente debió haber razonado que no podía correr ese riesgo.

Como Ester, inicialmente respondemos a muchas circunstancias con temor; sin embargo, este no es el deseo de DIOS para nosotras. Muchas veces ÉL nos dice en SU Palabra que no temamos, pero de alguna manera repetidamente caemos en las garras del temor. Esto a menudo nos guía a un grado de parálisis y posteriormente no nos hace efectivas en nuestro caminar cristiano. Rechacemos nuestros miedos usando la Palabra de DIOS y expongámoslos en oración, porque verdaderamente el miedo no tiene poder en nosotras como cristianas.

Considera cómo estos pasajes se aplican a tí…

1. ¿De qué manera respondes, generalmente a noticias graves? ¿Eres capaz de enfrentar el dolor con la ayuda de DIOS o tu tendencia es huir de él? Explica tu respuesta.

2. Lee Isaías 41:10 y 13, Salmos 56:3 y Lucas 12:6-7. ¿Qué dicen estos versículos acerca del temor y el remedio para ello?

3. Nombra temores específicos que tienes en tu vida y describe el origen de ellos.

Ora para que DIOS cambie tu vida…

¡Abba Padre! Gracias por TU presencia y por TUS promesas para ayudarme. Por favor, dame fuerza para rechazar el temor y reclamar la verdad de TU Santa Palabra. En el nombre de TU Amado Hijo, JESÚS, Amén.

Lección 10B

RECHAZANDO EL TEMOR

Primero, ven a SU presencia…

Amado Padre Celestial, TU eres mi consolador en todo tiempo, y debajo de TUS alas tengo mi refugio (Sal. 91:4). Confieso que tengo miedo cuando sucumbo ante la ansiedad y pensamientos de preocupación. Por favor, enséñame a través de TÚ Palabra y por el poder de TU ESPÍRITU SANTO…

Lee lo que DIOS dice en Ester 4:4-14 y escribe tus observaciones de los versículos 13-14. Asegúrate de incluir el quién, cómo, qué, dónde, cuándo, etc.

Reflexiona en estos pensamientos…

Mardoqueo rechazó el miedo de Ester –él no aceptó su respuesta. Ni siquiera parece que él simpatizara con ella en ese momento, o hubiera tratado de calmar su miedo. En lugar de eso, él respondió con sus famosas palabras: ¿Y quién sabe si para esta hora has llegado al reino? (Vs., 14b). Ella no había sido nombrada reina aun y Mardoqueo le dijo que no estaba en el palacio para su propia comodidad, sino para los propósitos de DIOS. Si ella trataba de permanecer en el anonimato por miedo, DIOS podría haber usado a alguien más para favorecer a SU pueblo.

La respuesta de Mardoqueo en los versículos 13-14 es un poderoso ejemplo de hablar la verdad en amor. Era indudable que Mardoqueo amaba a Ester, así que es inspirador ver la honestidad e intensidad de su súplica. En esencia Mardoqueo le comunicó a Ester que DIOS y SU plan eran más importantes que su miedo. Por lo tanto era imperativo que ella respondiera en rectitud y súplica ante el rey por la vida de su pueblo.

En comparación, hay ocasiones cuando, inicialmente respondemos a una situación devastadora con miedo. Sin duda somos muy humanas, pero como cristianas poseemos un poder ilimitado a través del ESPÍRITU SANTO. DIOS nos diseñó con emociones para sentir cuando nos lastimamos y con mente para reaccionar de la manera más inteligente posible. Sin embargo, Él "no nos ha dado un espíritu de cobardía" (2ª Tim. 1:7). Esta es la táctica del enemigo para que no hagamos lo que es correcto. Recordando el gran amor de DIOS por nosotras en cada circunstancia de miedo, es la manera de erradicar el temor (1ª Juan 4:18). DIOS nunca nos pondría en una situación que ÉL no pudiera controlar, ÉL quiere que confiemos en ÉL incondicionalmente con la fe de un niño.

ALCANZANDO LA JUSTICIA

Considera cómo estos pasajes se aplican a tu vida…

1. ¿Qué persona en tu vida está luchando con un temor específico? ¿Cómo puedes tú ayudar a otras personas en tiempo de necesidad?

2. Así como DIOS designó a Ester para interceder por su pueblo, ¿qué mensaje te ha dado DIOS para hablar, de acuerdo a Marcos 16:15, 2ª Corintios 2:14-17 y 1ª. Pedro 3:15?

3. ¿Dónde desea DIOS usarte a través de tus dones espirituales y talentos, y a qué le temes con respecto a esto? Escribe un versículo de la Biblia que te dé valentía para este llamado.

Ora para que DIOS cambie tu vida…

¡Abba Padre! Gracias por poner TU ESPÍSITU SANTO dentro de mí y darme consuelo y guía. Por favor, permite que cada día camine en TÍ más que en temor. En el nombre de TU Amado Hijo, JESÚS, Amén.

Lección 11A

GUIANDO A OTROS

Primero, ven a SU presencia...

Amado Padre Celestial, te adoro como mi Pastor y mi Líder. TÚ nunca fallas en guiarme, aunque confieso que muchas veces sigo mis propios caminos. Por favor, enséñame a través de TU Palabra y por el poder del ESPÍRITU SANTO...

Lee lo que DIOS dice en Ester 4:15-17 y escribe tus observaciones de los versículo 15-16. Asegúrate de incluir el quién, cómo, qué, dónde, cuándo, etc.

Reflexiona en estos pensamientos...

DIOS verdaderamente trabaja de maneras sorprendentes. ÉL ha estado moldeando y formando a Ester para este momento. Probablemente ella nunca se visualizó como una líder, pero es exactamente en lo que ella se convirtió. Sin embargo, no fue a través de sus propios deseos o métodos que se transformó en líder –fue a través del constante e intencional trabajo de DIOS en su vida.

La selección de DIOS para el liderazgo es a menudo lo contrario de lo que nosotras podríamos seleccionar. Mientras que nosotras pensamos en alguien que es agresiva, acertada, y totalmente segura de sí misma, como una líder natural; el que DIOS escogiera a Ester nos revela algo diferente. Ella era humilde y modesta, pero al mismo tiempo, completamente humana. Tenía preocupaciones y temores que afligían su corazón. Pero, el tesoro que Ester poseía y que la definía como una líder superior; era su completa dependencia de DIOS. Cuando ella se enfrentó con la desesperación de la publicación del decreto del Rey en contra de ella y de su pueblo, ella buscó la dirección y el respaldo de DIOS. Luego guio a los demás de su círculo de influencia a hacer lo mismo. Con las fuerzas que DIOS le dio, Ester salió de debajo de las alas del entrenamiento de Mardoqueo como una líder fuerte y determinada, y rápidamente puso en marcha su bien pensado plan. Ella dio las órdenes y mucha gente –incluyendo a Mardoqueo –siguió sus instrucciones.

Además, es preciso observar que ella ayunó tres días en preparación para visitar al Rey. Este hecho nos da el siguiente principio para poner en práctica en nuestras vidas: cuando DIOS nos guía a tomar un paso de fe significativo, deberíamos considerar, seriamente, pasar tiempo en oración y ayuno, específicamente buscando SU bendición. Podemos pedirles a amigos y miembros piadosos de nuestra familia que se unan a nosotras en esta actividad, porque verdaderamente nos necesitamos las unas a las otras – ¡so mos el cuerpo de CRISTO! –No necesariamente tiene que ocurrir por 3 días, pero otra vez ¿por qué no?* ¿Cuánto estamos dispuestas a sacrificar con el fin de llevar a cabo la voluntad de DIOS, para SU gloria? Ayunar nos vuelve vulnerables y en posición de necesidad que resalta nuestra dependencia de ÉL. Es esta dependencia de ÉL, que nos da la fuerza para guiar a otros.

Considera cómo estos pasajes se aplican a tu vida…

1. ¿Qué acción extrema te ha llamado DIOS a tomar en un futuro cercano? Siguiendo el ejemplo de Ester, ¿A quién le has pedido que ayune y ore contigo antes de tomar un paso de fe específico?

2. Usando la Escritura para apoyar tu respuesta, ¿cuáles son las características de un buen líder?

---

*La autora recomienda estricto cuidado al momento de ayunar, nadie con problemas de salud debe hacerlo sin antes buscar consejo de un doctor certificado.

3. Considera el reino en el cual DIOS te ha puesto. ¿Cómo responden otros a tu liderazgo, y de qué manera podrías mejorar como líder?

Ora para que DIOS cambie tu vida...

¡Abba Padre! Gracias por darme la oportunidad de guiar a otros a TU verdad. Por favor, fórmame como una líder de acuerdo a TÍ y a TU voluntad, y no a la mía. En el nombre de TU Amado Hijo, JESÚS, Amén.

Lección 11B

GUIANDO A OTROS

Primero, ven a SU presencia…

Amado Señor JESÚS, te adoro porque que eres el líder que guio con su ejemplo. TU humildad y fuerza encajan perfectamente. Confieso que algunas veces he criticado al liderazgo que has puesto sobre mí, pensando que yo sé cómo hacer mejor las cosas. Por favor, enséñame por TU Palabra y por el poder del ESPÍRITU SANTO…

Lee lo que DIOS dice en Ester 4:15-17 y escribe tus observaciones del versículo 17. Asegúrate de incluir el quién, qué, dónde, cuándo, etc.

Reflexiona en estos pensamientos…

    Es fácil ver el liderazgo de Ester en estos pasajes, pero también necesitamos reconocer la parte que Mardoqueo jugó. El verso 17 nos dice que Mardoqueo atendió la instrucción de Ester, lo que significa que él guio a otros. El reunió a todos los judíos de Susa –lo que ciertamente no era una tarea fácil –y transmitió las órdenes de Ester a ellos.

    En lugar de quedar atrapado en el hecho de que él no estaba "a la cabeza", Mardoqueo respetó el liderazgo de Ester y usó eso como trampolín para guiar a otros. Al final, su liderazgo sobre los judíos jugó un papel tan significativo como el liderazgo de Ester. Su esfuerzo conjunto sentó las bases de la exitosa visita de Ester al Rey.

    Del mismo modo, a medida que trabajamos juntas como pueblo de DIOS, el plan de DIOS, se cumple en última instancia. DIOS soberanamente coloca a otros líderes sobre nosotras, y a medida que nosotras humilde y desinteresadamente seguimos sus instrucciones, DIOS a su vez nos convierte en líderes más efectivas.

    ¡Que DIOS nos de pasión tanto para seguir como para guiar –siempre para SU gloria! –y en cualquier esfera de influencia en la que DIOS nos coloque a cada una, que guiemos con humildad, integridad y fidelidad.

ALCANZANDO LA JUSTICIA

Considera cómo estos pasajes se aplican a tu vida...

1. ¿Por qué piensas que Mardoqueo obedeció inmediatamente a las instrucciones de Ester, y cómo su ejemplo te inspira para cumplir con una tarea difícil que te han pedido hacer?

2. Lee 1ª Corintios 12:1-27. Explica por qué DIOS nos da conexiones con otros cristianos y por qué es importante trabajar juntos usando nuestros dones espirituales.

3. Enumera algunos nombres de personas que...

    a. DIOS ha puesto como líderes sobre tí:

    b. DIOS te ha puesto como líder sobre alguien:

    ¿Cómo cambiará tu actitud como seguidora y como líder a causa de esta lección?

Ora para que DIOS cambie tu vida...

¡Abba Padre! Gracias por poner líderes en mi vida. Ayúdame a seguirlos en una forma que te complazca a TÍ, para que TU propósito se lleve a cabo. En el nombre de TU Amado Hijo, JESÚS, Amén

Lección 12A

VIVIENDO BAJO LA GRACIA

Primero, ven a SU presencia…

Amado Padre Celestial, te adoro como el "DIOS lleno de gracia" (1ª Pedro 5:10). Confieso que muchas veces intencionalmente confío en mis propias habilidades o en el cumplimiento de mis propias "reglas" más que en TU abundante gracia. Por favor, enséñame a través de TU Palabra y a través de TU ESPÍRITU SANTO…

Lee lo que DIOS dice en Ester 5:1-2 y escribe tus observaciones del versículo 1. Asegúrate de incluir el quién, qué, dónde y cuándo, etc.

Reflexiona en estos pensamientos…

La Reina Ester estaba hambrienta y sedienta. Estaba vacía y débil. Su tercer día de ayuno aún estaba en progreso mientras que ella se vestía, "se vistió Ester de su vestido real, y entró en el patio interior de la casa del Rey" (Vs. 1). Ciertamente fue por la gracia de DIOS que ella incluso se mantuviera en pie en ese lugar, esperando la respuesta del Rey.

De hecho, su vida entera, hasta ese punto, era un testimonio de la gracia de Dios. Ella había crecido en el exilio en un país extranjero y además, siendo una niña quedó huérfana. Esas definitivamente, no eran las cualidades más dignas que se pudieran considerar para una reina del imperio persa. Pero DIOS la escogió a ella como la persona clave para SU plan de salvar a SU pueblo. El favor de DIOS descansó en ella, aunque ella realmente no tenía nada que ofrecer como pago. ¿No es lo mismo con nosotras? Estamos espiritualmente hambrientas y sedientas. Espiritualmente Débiles y vacías. Pero a pesar de nuestra falta de credenciales, DIOS nos concede su bondad sólo porque es SU deseo. Además, en 2ª Corintios 12:9 nos dice, "Bástate mi gracia, pues mi poder se perfecciona en la debilidad". Que nos animemos y consolemos conociendo que el poder de DIOS se magnifica en nuestra debilidad. La realidad de que verdaderamente no tenemos nada que ofrecerle a DIOS por nosotras mismas, nos recuerde que vivimos bajo SU gracia.

ALCANZANDO LA JUSTICIA

Considera cómo estos pasajes se aplican a tu vida...

1. ¿Qué significa para ti el término "la gracia de DIOS"? Escribe un versículo de la Biblia que apoye tu respuesta.

2. Lee Romanos 5:1-2, Hebreos 13:9 y 2ª Timoteo 2:1. ¿Cuáles son algunas de tus debilidades humanas, y que verdades animadoras enfatizan estos versículos?

3. Describe una manera en la que estás tratando de llegar a los estándares de DIOS por tu propio esfuerzo. ¿Cómo SU gracia puede cambiar tu perspectiva, y qué acción tomarás hoy como resultado?

Ora para que DIOS cambie tu vida...

¡Abba Padre! Gracias por TU infinito suplemento de gracia. Por favor, recuérdame diariamente que TU gracia es la que me da fuerza. En el nombre de TU Amado Hijo, JESÚS, Amén.

Lección 12B

VIVIENDO BAJO LA GRACIA

Primero, ven a SU presencia…

Amado Padre Celestial, TÚ eres la esencia misma del amor, el cual causa que repetidamente extiendas TU gracia. Te adoro, JESÚS, por ser la expresión del amor de DIOS y el portador de SU gracia. Confieso que he subestimado TU gracia y no me he impresionado lo suficiente por ella. Por favor, enséñame a través de tu Palabra y Tu Santo Espíritu.

Lee lo que DIOS dice en Ester 5:1-2 y escribe tus observaciones del versículo 2. Asegúrate de incluir el quién, qué, dónde, cuándo, etc.

Reflexiona en estos pensamientos…

Y a continuación, ¡ÉL la miró! Milagrosamente, Ester recibe el favor del Rey Asuero –lo cual se manifestó cuando él extendió su cetro de oro. Ella entonces se acercó y tocó el cetro. ¡Qué momento tan asombroso! El más grande temor de Ester, probablemente se esfumó cuando su esposo, el rey, le permitió vivir. Sí, ella rompió la ley, la cual requería no aparecer delante de él sin ser invitada. Pero, por causa de su amor por ella, el Rey Asuero, decidió levantar su cetro y así perdonar a la Reina Ester.

Esta acción del Rey cambió su vida y nos ofrece una bella imagen de la gracia de DIOS para nosotras. Al igual que Ester hemos quebrantado la ley, la Ley de DIOS –todos somos pecadores y necesitamos de SU gracia. Hace muchos años, DIOS en SU ilimitado amor miró a la raza humana, desesperadamente necesitada y decidió extender SU propio Instrumento de gracia. ÉL dio a su querido y amado Hijo, JESUCRISTO, para que pudiéramos vivir. ¡Hablando acerca de un momento asombroso! Juan 1:17 declara "Pues la ley por medio de Moisés fue dada, pero la gracia y la verdad vinieron por medio de JESUCRISTO". Además 2ª Corintios 8:9 nos dice; "porque ya conocen la gracia de nuestro SEÑOR JESUCRISTO, que por amor a vosotros se hizo pobre, siendo rico, para que vosotros con su pobreza sean enriquecidos". En efecto, "Porque por gracia sois salvos por medio de la fe; y esto no de vosotros, pues es don de DIOS; no por obras para que nadie se gloríe" Efesios 2:8-9.

Quizás tiendas a repetir un pecado en particular. Que DIOS te guíe, en SU bondad al arrepentimiento y te de un nuevo y fresco entendimiento de SU gracia. Nunca debemos depender del esfuerzo humano o de reglas legalistas para alcanzar la justicia, porque no podemos vivir bajo otra cosa más que por SU gracia.

Considera cómo estos pasajes se aplican a tu vida...

1. En resumen relata tu propia experiencia de salvación y describe cómo DIOS en SU gracia te atrajo hacia Él.

2. Lee Romanos 6:12-14 y Gálatas 2:21. ¿Por qué la gracia es esencial para la justicia, y cómo guiará tus pasos hoy hacia una vida de justicia?

3. Enumera algunas evidencias de la gracia de DIOS sobre tu vida.

Ora para que DIOS cambie tu vida...

¡Abba Padre! Gracias por TU gracia que has derramado en mí y la gracia que siempre me darás en cualquier circunstancia. Por favor, que en lo más profundo de mí, entienda TU gracia y dame ojos para verla en cada circunstancia. En el nombre de TU Amado Hijo, JESÚS, Amén.

Lección 13A

USANDO SABIDURIA

Primero, ven a SU presencia…

Amado Padre Celestial, te adoro como el inmensurable DIOS de sabiduría. Confieso que algunas veces tontamente he pasado por alto TU sabiduría y dictado mis propios planes. Por favor, enséñame a través de TU Palabra y por el poder de TU ESPÍRITU SANTO…

Lee lo que DIOS dice en Ester 5:3-8 y escribe tus observaciones de los versículos 3-5. Asegúrate de incluir el quién, qué, dónde, cuándo, etc.

Reflexiona en estos pensamientos…

Aunque ella no estaba invitada, la Reina Ester milagrosamente recibió el favor y la atención del Rey Asuero. Él la cuestionó con una genuina preocupación y le prometió hasta la mitad de su reino. En respuesta, Ester invitó al Rey y a Amán a un banquete.

Fue interesante que Ester invirtió los días previos no sólo en oración y ayuno, pero también en una activa preparación. En los Versículo 4-5 dice que ella había preparado un banquete, y por lo tanto inmediatamente les dio la bienvenida a sus invitados. Parecía parte de su plan poner al rey en una atmósfera cómoda. Ella sabía que él estaba acostumbrado a la comida fina, y de hecho, a menudo comía con Amán. Y era excesivamente importante que ella presentara su caso contra Amán de la manera correcta, porque él no era cualquier persona ordinaria. El Rey Asuero le había nombrado el segundo al mando y confiaba en él incondicionalmente.

La naturaleza de la acusación de Ester demandó eventualmente que ella usara una mayor sabiduría en cada acción. Así, ella buscó la guía de DIOS a través de la oración y el ayuno, y procedió a preparar un ambiente que apelara al Rey. Al hacerlo, ella sabiamente preparó el escenario para su propósito final: solicitar que el Rey Asuero perdonara la vida de su pueblo.

De la misma manera necesitamos usar sabiduría en todas nuestras acciones. Esto no viene de nosotras, sino de DIOS, quien es nuestra fuente eterna de sabiduría. Santiago 1:5 dice: "Si alguno de vosotros tiene falta de sabiduría, pídala a DIOS, el cual da a todos abundantemente y sin reproche, y le será dada". ÉL prometió que nos daría sabiduría –solo necesitamos pedirla.

Considera cómo estos pasajes se aplican a tu vida...

1. Explica Proverbios 9:10 en tus propias palabras, y describe cómo este versículo afectará tus acciones esta semana.

2. ¿En qué situación presente (involucrándote a tí y a otra persona) necesitas sabiduría?

3. Esta semana, ¿qué harás para enfrentar dicha situación? Después de estar orando y quizá ayunando* escribe una acción específica.

---

*La autora recomienda estricto cuidado al momento de ayunar, nadie con problemas de salud debe hacerlo sin antes buscar consejo de un doctor certificado.

Ora para que DIOS cambie tu vida...

¡Abba Padre! Gracias porque TU sabiduría me enseñó, en cada página de TU Santa Palabra. Por favor, guíame en ayuno, oración y estudio Bíblico, a buscar cómo usar TU sabiduría. En el nombre de TU Amado Hijo, JESÚS, Amén.

Lección 13B

USANDO SABIDURIA

Primero, ven a SU presencia...

Amado Padre Celestial, TU sabiduría es insondable y perfecta. Confieso que muchas veces hablo tontamente más que sabiamente. Por favor, enséñame ahora a través de TU Palabra y a través de TU ESPIRITU SANTO.

Lee lo que DIOS dice en Ester 5:3-8 y escribe tus observaciones de los versículos 6-8. Asegúrate de incluir el quién, qué, dónde, cuándo, etc.

Reflexiona en estos pensamientos...

Debido a la pregunta repetida de preocupación del Rey Asuero, parece recomendable que Ester hubiera aprovechado la oportunidad de expresar sus problemas totalmente. Sin embargo, en esta ocasión ella midió sus palabras –lo poco que ella habló contribuyó a un propósito divino. Indudablemente, DIOS usó su tiempo de ayuno y oración para aclarar sus palabras, y Ester habló categóricamente, sólo lo que era necesario. En vez de llorar en exceso, se postró delante del Rey rogándole que le concediera su propia vida y la de su pueblo, ella hizo uso de un tremendo autocontrol.

Ella no estaba simplemente haciendo tiempo, como podría parecer. Ella tenía un plan detallado de cómo acercarse y rogar al Rey a favor de su pueblo. Aunque breves, las palabras de Ester fueron dichas con suficiente sabiduría dando la información pertinente al Rey, pero también despertando su curiosidad. Esto aseguró que pudiera seguir teniendo su completa atención. ¿Qué acerca de nosotras? ¿Hablamos con sabiduría o son nuestras palabras a menudo apresuradas?

Es muy fácil estar atrapadas en el momento y decir cosas que después lamentaremos. Que DIOS discipline nuestros labios para decir palabras de sabiduría que cumplan sus propósitos.

ALCANZANDO LA JUSTICIA

Considera cómo estos pasajes se aplican a tu vida...

1. ¿En qué circunstancias eres más propensa a hablar torpemente? ¿Cómo podrías prepararte a tí misma para enfrentar estas circunstancias en un futuro?

2. Lee Proverbios 31:26 e imagina que tú eres esa mujer. ¿Qué palabras de sabiduría compartirás hoy con tu familia, amigos u otras personas?

3. Lee Colosenses 1:28. ¿Cuáles palabras podrías decir a una persona en particular para el beneficio del Reino de DIOS? ¿Por qué es importante que lo hagas?

Ora para que DIOS cambie tu vida...

¡Abba Padre! Gracias porque "todos los tesoros escondidos de la sabiduría y entendimiento se encuentran en TU HIJO JESUCRISTO" Colosenses 2:2-3. Por favor, úsame para hablar diariamente en base a tus maravillas. En el nombre de TU Amado Hijo, JESÚS, Amén.

Lección 14A

PRACTICANDO LA PUREZA

Primero, ven a SU presencia...

Amado Padre Celestial, santo y justo DIOS, te adoro por la brillantez de TU Pureza y confieso mis sentimientos impuros y los pensamientos que vienen a mi corazón, cuando no estoy enfocada en TÍ. Por favor, enséñame a través de TU Palabra y por el poder de TU ESPÍRITU SANTO...

Lee lo que DIOS dice en Ester 5:9-14 y escribe tus observaciones de los versículos 9-12. Asegúrate de incluir el quién, qué, dónde, cuándo, etc.

Reflexiona en estos pensamientos...

Pobre Amán – ¡qué hombre tan miserable era! Su carácter estaba contaminado completamente por el pecado. El versículo 9 revela que su felicidad se basaba en el honor que disfrutaba como invitado de la Reina Ester. Sin embargo su felicidad fue reemplazada inmediatamente por enojo cuando él se sintió deshonrado por Mardoqueo. Externamente, Amán se controló así mismo (Vs.10), pero internamente él estaba hirviendo. Entonces Amán procedió a rodearse de amigos con los cuales podía alardear de él mismo y de sus maravillosos logros. Su orgullo le daba fuerza y le salía hasta por los poros. Su mente y corazón claramente estaban llenos de inclinaciones y pensamientos impuros.

Si buscáramos honestamente en nuestros corazones, podríamos ver algo de sus características en nosotras mismas. Por ejemplo nuestros sentimientos a menudo fluctúan de acuerdo a nuestras circunstancias. Cuando nuestra vida "va bien" a nuestra manera de pensar, nos "sentimos" felices y seguras. Pero, cuando los problemas y sufrimientos vienen, fácilmente nos podemos refugiar en el dolor. Si nos centramos en nosotras mismas, nuestra carne nos guiará a estar en depresión y desaliento.

Además, el orgullo pareciera residir en cada aspecto de nuestras vidas. En el ámbito cristiano, esto algunas veces se disfraza creativamente y se presenta como humildad, generosidad, servicio, amor, etc. Aun así la motivación escondida es gloria para nosotras mismas.

Cuando verdaderamente reconocemos la realidad y cómo nos absorbe nuestro orgullo, esto debería provocarnos gritar juntamente con el Apóstol Pablo: "¡Miserable de mí! ¿Quién me librará de este cuerpo de muerte?" En nosotras mismas, no hay esperanza, aun así Romanos 7:25a, continúa diciendo, "Gracias doy a DIOS por JESUCRISTO SEÑOR nuestro". Por su fortaleza podemos practicar la pureza en nuestros corazones y mentes. Que diariamente la súplica del salmista sea nuestra súplica "Crea en mí, oh DIOS, un corazón limpio y renueva un espíritu recto dentro de mí".

Considera cómo estos pasajes se aplican a tí...

1. Lee Romanos 12:2 y Filipenses 4:8 da algunos ejemplos de cosas que son puras. ¿Cómo estos versículos te retan a usar tu mente y qué harás específicamente en respuesta?

2. Lee Proverbios 4:23 ¿Qué influencias impuras estas permitiendo en tu corazón, y cómo están empezando a afectar tu vida?

3. Ora, que DIOS te revele el orgullo en las diferentes áreas en tu vida y haz una lista en el espacio de abajo. Enseguida de cada una, escribe la actitud opuesta que CRISTO pudiera tener, contraria a la tuya (ejemplo, "orgullo de mamá", "pensando que mi manera es la única manera de hacer las cosas –JESÚS sabe que su manera es la mejor manera de hacer las cosas, pero amorosamente les enseñó a sus discípulos y practicó mucha paciencia con ellos. ÉL estaba lleno de gracia y sabiduría).

Ora para que DIOS cambie tu vida...

¡Abba Padre! Gracias por el poder en la sangre de JESÚS para limpiarnos. Por favor, ayúdame a llenar a propósito, mi mente con CRISTO cada día. En el nombre de TU Amado Hijo, JESÚS, Amén.

Lección 14B

PRACTICANDO LA PUREZA

Primero, ven a SU presencia…

Amado SEÑOR JESÚS, TU eres el que no tiene mancha "El Cordero de DIOS que quita el pecado del mundo" (Juan 1:29). Estoy maravillada por TU perfecta pureza, y confieso las muchas impurezas de mi carácter. Deseo ser pura como TÚ, así que por favor, enséñame ahora a través de TU Palabra y por el poder de TU ESPÍRITU SANTO…

Lee lo que DIOS dice en Ester 5:9-14 y escribe tus observaciones de los versículos 13-14. Asegúrate de incluir el quién, qué, dónde, cuándo, etc.

Reflexiona en estos pensamientos…

En los versículos del 13-14, los sentimientos y pensamientos impuros de Amán culminaron en un acto de maldad. Admitió que su satisfacción en la vida fue aplastada por la negativa de Mardoqueo a adorarle. Así que alegremente tomó el consejo de su esposa y amigos y construyó una horca para Mardoqueo. Por otra parte, la esposa de Amán lo alentó a ir contento al banquete del Rey (Vs. 14). Después pediría permiso para colgar a Mardoqueo.

La profundidad de la depravación de Amán es destacada por el placer que viene de hacer el mal. ¡Que corazón tan increíblemente duro el que tenía! Aun, el representaba lo que una vez fuimos –pecadores esclavizados al pecado, gente contaminada por la inmundicia de nuestras acciones, pensamientos y sentimientos impuros.

Incluso, como cristianos somos susceptibles a las tentaciones del pecado y muchas veces caemos. Pero DIOS siempre está con nosotras, llamándonos a regresar a ÉL y sacándonos del fondo del pozo. Podemos estar seguras de que ÉL, continuamente nos pule y remueve nuestras impurezas, para que un día reflejaremos la gloriosa y pura imagen de SU Hijo. Sometámonos diariamente a SU voluntad, y así disfrutaremos de libertad para practicar la pureza

Considera cómo este pasaje se aplica a tu vida...

1. Lee Mateo 15:18-19 y Santiago 1:14-15. ¿Hacia qué acción pecaminosa específica, está guiándote tu corazón y que harás con las fuerzas de CRISTO para prevenirlo?

2. Nombra a alguien que conozcas que está preso en pecado (un no-cristiano). ¿Qué acción tomarás esta semana en un esfuerzo para guiarlo(a) a CRISTO?

3. De acuerdo al Salmo 24:3-5, ¿cuáles son los resultados de practicar la pureza?

Ora para que DIOS cambie tu vida...

¡Abba Padre! Gracias por la preciosa pureza de TU Hijo. Por favor, purifícame para parecerme más a Él. En el nombre de TU Amado Hijo JESÚS, Amén.

Lección 15A

ESCUCHANDO Y HACIENDO

Primero, ven a SU presencia…

Amado Padre Celestial, cuan maravilloso es que TÚ me hables. Te adoro por la dulzura y fuerza de TU voz. Confieso que mi preocupación por la vida a menudo me impide escuchar TUS asombrosas palabras. Enséñame a través de TU Palabra y por el poder de TU ESPÍRITU SANTO…

Lee lo que DIOS dice en Ester 6:1-6a y escribe tus observaciones de los versículos del 1-3. Asegúrate de incluir el quién, qué, dónde, cuándo, etc.

Reflexiona en estos pensamientos…

Tener problemas para dormir no es una nueva frustración. Leemos en este pasaje la inhabilidad del Rey Asuero para dormir por la noche, y la manera en que él uso ese tiempo. Él mando traer las crónicas, y los registros para que se los leyeran. Conforme él escuchaba, recordó el tiempo en que Mardoqueo reportó una conspiración en contra de él y salvó su vida. Entonces él se preocupó acerca de que si Mardoqueo habría sido recompensado por este acto de justicia.

Desde nuestra perspectiva, podemos ver como el insomnio del Rey jugó un rol muy importante. Ciertamente no era cómodo o divertido para él, pero evidentemente él necesitaba recordarse de este evento significativo.

De igual manera, hay momentos en que necesitamos lo mismo. Algunas veces es en el silencio y la quietud de la noche en que DIOS puede tener más nuestra atención. En lugar de dar vueltas en la cama, podemos ir a la Palabra de DIOS y recibir tremendos beneficios. Quizá ÉL necesita recordarnos SU bondad, o tal vez necesitamos consuelo por alguna complicada situación. ¿O habrá algún pecado que ÉL quiere amorosamente, confrontar a través de SU Palabra y guiarnos al arrepentimiento?

Los caminos de nuestro Padre son mucho más profundos de lo que podemos comprender y ÉL nunca desperdicia un minuto. Si queremos experimentar una relación íntima con ÉL, necesitamos acercarnos cada vez más a ÉL y a SUS caminos. Justo como el Rey Asuero ganó algo de conocimiento específico y entendimiento, durante su pérdida de sueño, así nosotras también podemos. Por favor, anímate a que la próxima vez que no puedas dormir, es muy posible que DIOS quiera decirte algo –sólo pídele que abra tu corazón para que escuches SU mensaje.

ALCANZANDO LA JUSTICIA

Considera cómo este pasaje se aplica a tu vida...

1. Describe qué haces cuando tienes insomnio en la noche. ¿Cuán satisfecha estas con los resultados? Si usas este tiempo para leer la Palabra de DIOS, describe los beneficios que recibes.

2. Lee el Salmo 1:2, 16:7, 42:8, y 77:6. ¿Qué revelan esos versículos acerca de tu interacción con DIOS durante las horas de la noche?

3. ¿Qué son algunas de las cosas que evitan que escuches la voz de DIOS? y ¿qué harás para mejorar tu atención esta semana?

Ora para que DIOS cambie tu vida...

¡Abba Padre! Gracias por tus interminables Palabras de amor. Por favor, ayúdame a tomar cada oportunidad para escucharlas. En el nombre de TU Amado Hijo, JESÚS, Amén.

Lección 15B

ESCUCHANDO Y HACIENDO

Primero, ven a SU presencia...

Amado Padre Celestial, te adoro por ser el DIOS de acción. Confieso que algunas veces soy reacia a actuar sobre la verdad que TÚ me has revelado, y a menudo fallo en esta área. Por favor, enséñame a través de TU Palabra y por el poder del ESPÍRITU SANTO...

Lee lo que DIOS dice en Ester 6:1-6(a) y escribe tus observaciones de los versículos del 4-6a. Asegúrate de incluir el quién, qué, dónde, cuándo, etc.

Reflexiona en estos pensamientos...

La revelación de la lealtad de Mardoqueo y el hecho de que nunca tuvo reconocimiento, impulsó al Rey Asuero a tomar acción. Él decidió hacer algo al respecto. Todavía en medio de la consideración del rey, Amán llegó para pedir autorización para colgar a Mardoqueo.

Aun así, el rey hizo su pregunta "¿Qué se hará del hombre cuya honra desea el rey?" (Vs. 6). El Rey Asuero claramente estaba determinado a honrar a Mardoqueo. Además, parece que él no podría descansar hasta que este asunto fuera manejado adecuadamente.

Igualmente, experimentamos un tremendo privilegio cuando DIOS nos revela SU verdad. Ya sea un versículo en SU Palabra, un empujoncito del ESPÍRITU SANTO, o el comentario de un amigo, inspirado por DIOS, la verdad de DIOS requiere acción. Aunque probablemente estemos ocupadas, cansadas, y envueltas ahora mismo en muchas buenas actividades, DIOS nos habla por una razón: ¡ÉL quiere que hagamos algo! Podemos incluso no tomar una acción exterior pero sí, hacer un cambio en el interior del corazón. En cualquier caso, que no respondamos con apatía o descuido, pero sí ¡con corazones ansiosos por servir a nuestro Rey! Que continuamente escuchemos la Palabra de DIOS y fielmente hagamos lo que ÉL desea.

Considera cómo este pasaje se aplica a tu vida...

1. ¿Qué te ha revelado DIOS recientemente y cómo puedes actuar en cuanto a eso?

2. Haz una lista de qué es lo que a menudo no te deja actuar en la verdad de DIOS. Establece los recursos y validez de esas razones.

3. Lee 2º de Reyes 22:8-13 y describe la respuesta del Rey Josías hacia la verdad de la Palabra de DIOS. ¿Acerca de qué pecado específico te está hablando hoy, y cómo responderás?

Ora para que DIOS cambie tu vida...

¡Abba Padre! Gracias por hablarme de diferentes maneras y constantemente actuar a mi favor. Por favor, dame la fuerza y la valentía para actuar cuando te escuche. En el nombre de TU Amado Hijo, JESÚS, Amén.

Lección 16A

ESCOGIENDO LA HUMILDAD

Primero, ven a SU presencia…

Amado SEÑOR JESÚS, te adoro por la Humildad de tu corazón de amor. Confieso que el orgullo en mi corazón a menudo eclipsa TU amor. Por favor, enséñame a través de TU Palabra y por el poder del ESPÍRITU SANTO…

Lee lo que DIOS dice en Ester 6:6b-14 y escribe tus observaciones de los versículos 6b-11. Asegúrate de incluir el quién, qué, dónde, cuándo, etc.

Reflexiona en estos pensamientos…

En respuesta a la pregunta del Rey Asuero, Amán inmediatamente pensó en él mismo y erróneamente asumió que el Rey Asuero quería honrarlo a él. Por lo tanto, él respondió con un detallado plan que apeló a su inmenso orgullo. Nota los artículos incluidos en su plan –la túnica y el caballo –eran cosas usadas personalmente por el Rey. Era como si Amán quisiera ser el "Rey por un día" a los ojos de todos los que lo vieran ¡Cuánto deseaba ser exaltado!

Sin embargo, el Rey respondió a la idea de Amán encomendándole todas las cosas a Amán y sugiriéndole hacerlas… para Mardoqueo el judío. Qué horror debió haber sido para el corazón orgulloso de Amán. ¿No es irónico que sin saberlo él, el Rey estuviera planeando honrar al hombre que él quería matar? Amán fue forzado a reaccionar en humildad y honrar al hombre que él despreciaba.

En lugar de adquirir su propio sueño, el orgullo de Amán le guío hasta su humillación. En comparación, el orgullo no trae plenitud a nuestras vidas. Determinando nuestra propia superioridad todo el tiempo es nada más que una desilusión. Aun repetidamente perseguimos nuestra propia gloria en lugar de buscar el anonimato para la gloria de DIOS. Como cristianas es necesario que constantemente escojamos la humildad, sobre las muchas facetas del orgullo. Al reconocer la superioridad de DIOS en todas las cosas, que se nos conceda mantener una apropiada perspectiva de nosotras mismas. No somos nada sin ÉL.

Considera cómo este pasaje se aplica a tu vida...

1. ¿Qué suposición equivocada has hecho el día de hoy y qué resultados tuviste? En tu opinión ¿cómo hiciste de esa presunción una forma de orgullo?

2. Al igual como el orgullo de Amán afectó el consejo que dio al Rey Asuero, ¿cómo está tu orgullo afectando tu perspectiva en una situación específica? Lee Juan 3:30 y explica cómo puedes cambiar poniendo esta verdad en acción.

3. Lee Proverbios 15:33, 18:12 y 22:4, y 1ª Pedro 5:5-6. Resume cada versículo en tus propias palabras. De acuerdo a estas Escrituras, ¿por qué podemos como cristianas, escoger la humildad en lugar del orgullo?

Ora para que DIOS cambie tu vida...

¡Abba Padre! Gracias por desplegar TU amor a través de la humildad de TU HIJO. Por favor, remueve mi orgullo y en TU gracia recuérdame diariamente escoger humildad. En el nombre de TU Amado Hijo, JESÚS, Amén.

Lección 16B

ESCOGIENDO LA HUMILDAD

Primero, ven a SU presencia...

Amado Padre Celestial, estoy asombrada por TU profunda humildad. TÚ elegiste un humilde lugar para TU HIJO en la tierra para darnos un lugar glorioso en el cielo. Confieso mi constante y orgulloso deseo por un lugar de reconocimiento en la tierra. Por favor, enséñame a través de TU Palabra y por el poder de TU ESPÍRITU SANTO...

Lee lo que DIOS dice en Ester 6:6b-14 y escribe tus observaciones de los versículos 12-14. Asegúrate de incluir el quién, qué, dónde, cuándo, etc.

Reflexiona en estos pensamientos...

Amán no tardó mucho en pavonear su orgullo. Después de que él públicamente honrara a Mardoqueo, como el rey Asuero lo había mandado, rápidamente regresó a casa en estado de duelo. En lugar de sostener su cabeza en alto, él la cubrió. En lugar de fanfarronear como lo había hecho, Amán tristemente relató los detalles de lo que él sólo podría aguantar. A pesar de que él estaba lejos de estallar con orgullo, su reporte aun giraba alrededor de sí mismo.

También, la predicción de su esposa y amigos, seguramente le sirvió para angustiarse aún más. Sus sabios y su mujer le dijeron: "Si de la descendencia de los judíos es ese Mardoqueo delante de quien has comenzado a caer, no lo vencerás, sino que caerás por cierto delante de él" (Vs. 13). Su discusión fue interrumpida por lo eunucos del rey, que vinieron a escoltarlo para el segundo banquete de la Reina Ester. Poco sabía lo que le esperaba, este banquete podría venir a ser un tiempo de juicio. Él, pronto iba a experimentar la verdad de proverbios 16:8 "Antes del quebrantamiento es la soberbia, y antes de la caída la altivez de espíritu".

Como Amán, a menudo estamos preocupadas por nosotras mismas. En lugar de, humildemente visualizar la vida a través del lente, plan y propósito de DIOS, diariamente nos distraemos con cada evento en nuestra vida y esto nos afecta. Además nuestro orgullo siempre, en alguna, medida causa que caigamos. Si somos orgullosas en lo más profundo de nuestros corazones o en nuestras expresiones externas, el pecado del orgullo nos corromperá y también corromperá nuestro testimonio por CRISTO. Que bendición –cuidado– DIOS no deja a SU pueblo estar en continuo orgullo. Si no escogemos humildad, ÉL la escogerá por nosotros.

ALCANZANDO LA JUSTICIA

Considera cómo estos pasajes se aplican a tu vida...

1. ¿Con cuánta frecuencia estás absorta con todo acerca de tí misma? ¿Cómo Romanos 8:28-30 cambia tu perspectiva?

2. Nombra un área de orgullo específica en tu vida. Si este orgullo persiste. ¿Qué clase de resultado prevés para tí y los que te rodean? ¿Cómo te motiva esto a escoger la humildad?

3. Nombra a alguien cercano a tí cuya vida puede ser interrumpida en cualquier momento y sometida al juicio de DIOS. ¿Cómo puedes llegar con el Evangelio a él o a ella en humildad?

Ora para que DIOS cambie tu vida...

¡Abba Padre! Gracias que TU Hijo, quien está enfocado en la humildad nos enfoca a Tí. Por favor, guíanos a que el enfoque en nosotras mismas llegue a ser consumido por nuestro enfoque en Tí. En el nombre de TU Amado Hijo, JESÚS, Amén.

Lección 17A

COMUNIÓN CON DIOS

Primero, ven a SU presencia…

Amado Padre Celestial, te adoro por ser un DIOS personal que quiere pasar tiempo conmigo. ¡Qué increíble privilegio! Confieso que a menudo mi egoísmo y pereza me mantienen lejos de entrar hasta TU presencia. Por favor, enséñame a través de TU Palabra y por el poder de TU ESPÍRITU SANTO…

Lee lo que DIOS dice en Ester 7:1-4 y escribe tus observaciones de los versículos 1-2. Asegúrate de incluir el quién, qué, dónde y cuándo, etc.

Reflexiona en estos pensamientos…

El pasaje de Ester de hoy, describe el cuidado y preocupación que el Rey Asuero sentía por la Reina Ester. Él amorosamente probó el corazón de ella una vez más preguntándole cuál era su petición y requerimiento. Además, él prometió concederle su solicitud, más aun le prometió hasta "la mitad de su reino" (Vs. 2).

El Rey evidentemente era un hombre persistente con un fuerte sentido de resolver las cosas. Además él deseaba impartir bondad a su esposa. En comparación, tenemos a nuestro Padre Amado que nos persigue para bendecirnos. Él está interesado en nuestros pensamientos, en nuestro cuidado, en cada necesidad, en cada sueño. Mientras corremos la carrera de la vida, tratando de terminar todo, ÉL quiere pasar tiempo con nosotras. ÉL quiere tener comunión con nosotras –sólo estar con nosotras y amarnos.

También, nuestro Padre Celestial escudriña nuestros corazones a través de SU ESPÍRITU y quiere que derramemos nuestros corazones en él. ¿Qué te lo impide? Negocios, miedo, orgullo y apatía; quizá son algunas razones por las que fallamos para abrir nuestros corazones completamente a ÉL. Resumiendo, nuestro pecado detiene e interrumpe nuestra relación con DIOS. ¡Qué tremenda perdida de nuestra parte! Nuestro Padre es capaz y está dispuesto a conceder nuestras peticiones mientras estén alineadas con SU voluntad –y que placer ÉL siente cuando nos responde. ÉL siempre hará lo mejor para nosotras y ÉL quiere bendecirnos más allá de lo que imaginamos. Más que eso, nuestra comunión con DIOS es el camino a la intimidad con ÉL. Cuanto más tiempo pasemos interactuando con ÉL, mas experimentaremos el maravilloso tesoro de quien es ÉL.

ALCANZANDO LA JUSTICIA

Considera cómo estos pasajes se aplica a tu vida...

1. Lee Salmos 62:8, Santiago 1:17 y Efesios 3:20. ¿Qué te dicen estos versículos acerca del carácter de DIOS, y cómo puede esta verdad inspirarte en tu comunión con ÉL?

2. Lee Lucas 10:38-42. ¿Qué hizo a María entender y experimentar lo opuesto a Martha? ¿Cómo este capítulo se aplica a tí y que harás para cambiarlo?

3. Lee el Salmo 15:2 y 51:6, así como Mateo 6:7-8. Usando la guía de estos versículos, escribe una petición específica y audiblemente pide al SEÑOR por eso.

Ora para que DIOS cambie tu vida...

¡Abba Padre! Gracias por los tiempos de intimidad que hemos compartido, porque TÚ me has buscado primero. Por favor, incrementa nuestra comunión en los días venideros y hazme sentir vacía cuando no la tenga. En el Nombre de TU Amado Hijo, JESÚS, Amén.

Lección 17B

COMUNIÓN CON DIOS

Primero, ven a SU presencia…

Amado Padre Celestial, te adoro por TU ESPÍRITU paciente y sufrido. Confieso que ocasionalmente tengo una actitud presuntuosa y a menudo tomo TU presencia a la ligera. Por favor, enséñame a través de TU Palabra y por el poder de TU ESPÍRITU SANTO…

Lee lo que DIOS dice en Ester 7:1-4 y escribe tus observaciones de los versículos 3 y 4. Asegúrate de incluir el quién, qué, dónde, cuándo, etc.

Reflexiona en estos pensamientos…

Es notable que la Reina Ester permaneció quieta hasta que el Rey le preguntó qué sucedía en su corazón. Indudablemente ella estaba pensando, orando silenciosamente y simplemente escuchando. Ella escuchaba como el Rey Asuero y Amán interactuaban, escuchaba mientras hablaban con ella, y escuchó cuando el rey directamente la cuestionó.

El momento final llegó cuando Ester sintió que era el momento para dar a conocer su sincera petición. Una vez más comenzó dependiendo humildemente del favor del rey y de su buena voluntad, que indicaba su respeto hacia él. Ella continuó con una respuesta clara y directa —ella no desperdició ni una palabra ni anduvo con rodeos.

A pesar de todo, Ester estaba consciente de la magnitud de la posición del Rey Asuero y ella misma no se consideraba comparable a él. Podemos seguir su ejemplo cuando nos acercamos a nuestro Rey Celestial. Escuchar la verdad de la Palabra de DIOS nos permite orar con propósito y claridad. También al escuchar al ESPIRITU SANTO podemos orar con más intensidad por nuestra relación con Dios. Más aún, si nos acercamos a DIOS en humildad, pero con confianza, en el nombre de SU HIJO, JESUCRISTO, esto siempre debe caracterizar nuestra actitud. Finalmente, el ser honestas y específicas con nuestras peticiones nos da paz, a medida que ponemos nuestras cargas a sus pies. Que diariamente experimentemos el mayor gozo y satisfacción que la relación y comunión con DIOS trae. Recuerda, ÉL está esperando reunirse contigo.

ALCANZANDO LA JUSTICIA

Considera cómo estos pasajes se aplica a tu vida...

1. ¿Qué te impide ir a la presencia de DIOS con un corazón tranquilo?

2. Basados en Lucas 18:9-14 y Hebreos 10:19-22 ¿con qué actitud podemos aproximarnos a DIOS?

3. Lee Apocalipsis 3:20 ¿Cómo es que el deseo del SEÑOR de pasar tiempo contigo y el hecho de que ÉL está esperando por ti, ha impactado tu corazón?

Ora para que DIOS cambie tu vida...

¡Abba Padre! Gracias por esperar pacientemente por mí, para que tenga comunión contigo. Por favor, ayúdame a abrir mi corazón cada día a Ti –para escuchar, pedirte, y experimentar TU bondad y amor. En el nombre de TU Amado Hijo, JESÚS, Amén.

Lección 18A

CONFESANDO NUESTROS PECADOS

Primero, ven a SU presencia…

Amado Padre Celestial, TÚ eres completamente santo y no toleras el pecado. Confieso que a menudo no capto la maldad de mis pecados y lo despreciables que son a tus ojos. Por favor, enséñame a través de TU Palabra y por el poder de TU ESPÍRITU SANTO…

Lee lo que DIOS dice en Ester 7:5-7 y escribe tus observaciones de los versículos 5-6. Asegúrate de incluir quién, qué, dónde, cuándo, etc.

Reflexiona en estos pensamientos…

El Rey Asuero esperó pacientemente para escuchar la petición de su reina. Cuando Ester finalmente reveló el complot contra su pueblo, el Rey quiso saber quién era el responsable de ese plan. Todos los ojos se volvieron a Amán cuando la Reina Ester lo identificó como el culpable. El terror que golpeó el corazón de Amán, seguramente sobrepasó la humillación que temprano ese día había pasado.

Amán experimentó la verdad de Números 32:23 "y sabed que vuestro pecado os alcanzará". A pesar de que él había planeado cuidadosamente su manipulación y engaño, estos fueron contraproducentes para él. Él no sabía que la reina Ester era prima de Mardoqueo. En su decreto despiadado para aniquilar a todos los judíos, Amán sin saberlo había decretado el asesinato de la reina. Por seguro, su pecado fue descubierto y se sintió acorralado. ¡Que horrible e inútil situación había creado para sí!

Debido a nuestros pecados, también creamos terribles situaciones para nosotras mismas. Incluso "pequeños pecados" que parecen inofensivos reflejan nuestra rebelión contra DIOS y sirven para alejarnos de Él. Además, nuestros pecados afligen el corazón de DIOS y causan sufrimiento a otros también. Pero aun así, agradecidamente en cualquier momento podemos salir de en medio de nuestro pecado. 1ª Juan 1:9 nos dice: "Que si confesamos nuestros pecados, ÉL es fiel y justo para perdonar nuestros pecados, y limpiarnos de toda maldad". Aunque siempre hay consecuencias por el pecado, el perdón de DIOS puede darnos la esperanza y la paz para soportar esas consecuencias.

Además, nuestra confesión mueve a DIOS a limpiar con SU gracia, nuestra injusticia. ¡Qué gran libertad la que DIOS provee cuando confesamos nuestros pecados a ÉL!

ALCANZANDO LA JUSTICIA

Considera cómo estos pasajes se aplican a tí...

1. Basados en Romanos 1:18-20 y 6:23, ¿Por qué para los no cristianos eventualmente una sensación de terror acompaña al pecado?

2. ¿Qué pecado grande y oculto es parte de tu vida y cómo afecta esto a otros? ¿Qué te gustaría que DIOS hiciera por tí, en cuanto a este pecado? Toma un tiempo en este momento para confesarlo y pedirle a DIOS que conceda tu petición.

3. ¿Qué consecuencias temes que puedan ocurrir por ese pecado que has cometido o sigues cometiendo? Lee Hebreos 7:25 y Romanos 5:20. ¿Cómo puede la intercesión de CRISTO y la gracia de DIOS hacer una diferencia en las consecuencias de tu pecado?

Ora para que DIOS cambie tu vida...

¡Abba Padre! Gracias por concederme repetidamente confesar mis pecados y por extenderme TU perdón. Por favor, vuelve mi corazón hacia TÍ en confesión, aún en medio de mi pecado, que pueda ser limpia de mi iniquidad. En el nombre de TU Amado Hijo JESÚS, Amén.

Lección 18B

CONFESANDO NUESTROS PECADOS

Primero, ven a SU presencia…

Amado Padre Celestial, te adoro porque eres misericordioso y compasivo. Humildemente confieso que no reconozco o aprecio suficientemente TU misericordia. Por favor, enséñame a través de TU Palabra y por el poder de TU ESPIRITU SANTO…

Lee lo que DIOS dice en Ester 7:5-7 y escribe tus observaciones del versículo 7. Asegúrate de incluir quién, qué, dónde, cuándo, etc.

Reflexiona en estos pensamientos…

No es de sorprenderse, que el Rey Asuero se enfureciera cuando supo de la maldad de Amán. Él salió abruptamente después de que la Reina Ester desenmascarara a su enemigo, eso incrementó aún más el terror de Amán. En su desesperación, Amán suplicó a la Reina Ester por su vida. Ni aun así, ninguna cantidad de súplicas podría borrar la maldad que había cometido –él era culpable. Y ya estaba condenado.

De la misma manera, nuestro DIOS es santo no se complace con nuestro pecado. Por otra parte, la paga del pecado es muerte. Pero en lugar de condenarnos, DIOS condenó a SU propio Amado Hijo, JESUCRISTO. Porque por la sangre preciosa de CRISTO, podemos experimentar el milagro de lo que DIOS dice en Isaías 1:18 "si vuestros pecados fueren como la grana, como la nieve serán emblanquecidos; si fueren rojos como el carmesí; vendrán a ser como blanca lana". Aunque algunos ponen su fe en la gente, en ideas, en dioses hechos por los hombres; sabemos que la salvación eterna del pecado viene sólo a través de CRISTO. Además podemos confiar siempre en ÉL para purificarnos de los pecados que cometemos, aun siendo cristianas. Confesar nuestros pecados a DIOS nos recuerda de lo que nuestra carne es capaz y de poder experimentar el perdón y la misericordia de DIOS.

ALCANZANDO LA JUSTICIA

Considera cómo estos pasajes se aplican a tí...

1. ¿Cómo el Salmo 51:17 y Romanos 8:1 nos animan a confesar nuestros pecados a DIOS?

2. Lee Santiago 5:14-16. Además de confesar nuestros pecados a DIOS ¿Qué nos instruyen estos versículos a hacer y por qué? ¿De qué manera –si hay alguna -esto se aplica a tu vida?

3. ¿Qué significa la misericordia de DIOS para tí? Usa algún versículo para apoyar tu respuesta.

Ora para que DIOS cambie tu vida...

¡Abba Padre! Gracias por proveer a TU Hijo como el sacrificio perfecto por nuestros pecados. Por favor, permíteme ser honesta en cuanto a mis pecados y diariamente confesarlos a TÍ. En el nombre de TU Amado Hijo, JESÚS, Amén.

Lección 19A

OPONIÉNDONOS A LA MALDAD

Primero, ven a SU presencia…

Amado Padre Celestial, te adoro por ser un DIOS justo que un día destruirá la maldad para siempre. Confieso que muchas veces tolero la maldad por mi propia apatía o falta de sabiduría. Por favor, enséñame a través de TU Palabra y por el poder de TU ESPÍRITU SANTO…

Lee lo que DIOS dice en Ester 7:8-8:2 y escribe tus observaciones de los versículos 8-10. Asegúrate de incluir el quién, qué, dónde, cuándo, etc.

Reflexiona en estos pensamientos…

A pesar de la posición de favoritismo que Amán tenía, su maldad resultó en muerte. No había ningún discurso o defensa a su favor –lo colgaron en la misma horca construida para Mardoqueo. La maldad en su corazón guio la maldad de sus acciones, que en última instancia fueron expuestas y desaprobadas. El Rey final y permanentemente le hizo responsable.

De una forma similar, hoy en día necesitamos oponernos a la maldad. Estamos rodeados de maldad. La televisión notoriamente promueve el comportamiento impío, el internet promueve fácil acceso a la inmoralidad, nuestro gobierno ha legalizado el asesinato de niños no nacidos, el materialismo y el entretenimiento son idolatrados –y la lista no termina.

Como cristianas, desafortunadamente, nos hemos entumecido mucho y hemos respaldado la maldad en nuestra cultura y, tristemente incluso participamos de ella. ¡Seremos más efectivas siendo embajadoras de CRISTO si empezamos a oponernos a la maldad más diligentemente! En lugar de permitir que se filtre en nuestras vidas, nuestras familias y el cuerpo de CRISTO, necesitamos exponer y oponernos diligentemente a cualquier cosa que sea anti-DIOS. En algunos casos, esto necesitará de que DIOS nos de discernimiento, porque Satanás disfrazado como ángel de luz (2ª Corintios 11:14) quiere engañarnos con cosas aparentemente inofensivas pero que están diseñadas para debilitar nuestra relación con DIOS. ¡Eso es maldad!

Ya sea que la maldad sea evidente o disfrazada, opongámonos implementando la verdad de la Palabra de DIOS. Más aun, nos opondremos a la maldad implorando la intervención de DIOS a través de la oración. Finalmente, vamos a oponernos a la maldad diariamente, haciendo morir nuestra carne y caminando en el ESPÍRITU. Al hacerlo, la bondad del Reino de DIOS existirá en nosotras y será reflejada a través de nosotras en este mundo oscuro.

Considera cómo estos pasajes se aplican a tí...

1. ¿Cómo te está llamando DIOS a responder a la maldad que está oscureciendo a nuestro mundo hoy en día?

2. Lee el Salmo 101. ¿Cómo te enseña DIOS personalmente a oponerte a la maldad? Escoge uno de los versículos que más llamaron tu atención y explica por qué.

3. ¿Qué acción específica tomarás esta semana para remover cualquier tipo de maldad que está influenciando tu vida y debilitando tu relación con DIOS?

Ora para que DIOS cambie tu vida...

¡Abba Padre! Gracias por tratar con la maldad y vengarte en tu tiempo. Por favor, que pueda reconocer y remover cualquier maldad que penetre mi vida. En el nombre de TU Amado HIJO JESÚS, Amén.

Lección 19B

OPONIÉNDONOS A LA MALDAD

Primero, ven a SU presencia…

Amado Padre Celestial, te adoro porque eres Bueno. En todos tus caminos TÚ estableciste bondad, pero confieso que en mis caminos no siempre defiendo TU bondad. Por favor, enséñame a través de TU Palabra y por el poder de TU ESPÍRITU SANTO…

Lee lo que DIOS dice en Ester 7:8-8:2 y escribe tus observaciones de los versículos 8:1-2. Asegúrate de incluir el quién, qué, dónde, cuándo, etc.

Reflexiona en estos pensamientos…

La vida de Mardoqueo ciertamente cambió en un período corto de tiempo. Él pasó de estar vestido de cilicio (Ester 4:1) a estar vestido con la toga real del Rey Asuero (Ester 6:11). En sólo unos pocos días se movió de un lugar de luto a un lugar de honor.

En Ester 8:1-2, Mardoqueo recibió más honor después de que la Reina Ester revelará su parentesco. Él tuvo el privilegio de visitar al Rey y recibir el sello de su anillo. Además, la Reina Ester lo puso a cargo de la casa de Amán. De repente Mardoqueo reemplazó a Amán y fue reconocido como un valioso líder digno de confianza.

Después de que el Rey se opuso a la maldad de Amán y lo eliminó. Él, reemplazó su maldad (la de Amán) con la bondad (de Mardoqueo). Necesitamos hacer lo mismo en nuestras vidas. Oponernos a cualquier maldad que busque destruir a otros o a nosotras, es importante que cerremos la brecha con una alternativa de rectitud y honor a DIOS. Si sólo decimos no, a todas las cosas que deshonran a DIOS y no las reemplazamos con algo que verdaderamente satisfaga el espíritu, abriremos la puerta a problemas. Que aprendamos constantemente a oponernos a la maldad y a reemplazarla a la manera de DIOS. La elección de Dios para nosotras siempre promueve una vida espiritual.

Considera cómo estos pasajes se aplican a tí...

1. De acuerdo a 1ª Timoteo 6:10 y Santiago 3:16, ¿cuáles son algunas de las causas de la maldad? ¿Con cuáles de estas tienes más lucha?

2. Lee Romanos 16:19. Enumera algunas maneras práctica de cómo aplicarás estas dos instrucciones en tu vida.

3. ¿A qué maldad te estas oponiendo actualmente, y con qué alternativa que honra a DIOS la reemplazarás?

Ora para que DIOS cambie tu vida...

¡Abba Padre! Gracias por satisfacer mi espíritu con tus caminos. Por favor, equípame para oponerme a la maldad y reemplazarla con el bien que TU provees. En el nombre de TU Amado Hijo, JESÚS, Amén.

Lección 20A

PERSEVERANDO EN LA ORACIÓN

Primero, ven a SU presencia…

Amado Padre Celestial, te adoro por ser el DIOS Todopoderoso. Confieso que algunas veces me desanimo al pedirte la misma cosa, y cuando lo hago, mi fe a menudo no es tan fuerte como debería ser. Por favor, enséñame a través de TU Palabra y por el poder de TU ESPÍRITU SANTO…

Lee lo que DIOS dice en Ester 8:3-6 y escribe tus observaciones del versículo 3. Asegúrate de incluir el quién, qué, dónde, cuándo, etc.

Reflexiona en estos pensamientos…

En corto tiempo, un montón de cambios vinieron a la vida de la Reina Ester. El Rey Asuero milagrosamente la recibió con beneplácito y eventualmente escuchó su petición. Él destruyó a su enemigo Amán, y le dio a la reina la casa de Amán. Sin embargo, había un detalle crítico que necesitaba mayor atención. El plan para salvar a su gente, aún no había sido claramente determinado ni puesto en acción. Con esto en mente, Ester una vez más se acercó al Rey para interceder por los judíos. Pero esta vez, ella revelaría abiertamente su corazón y sus emociones en presencia del Rey. La enormidad de lo que estaba en juego –a lo largo de la muerte física y emocional del pasado – indudablemente se combinaron para llevarla a un punto de completa vulnerabilidad. El versículo 3 descubre su apasionada plegaria mientras que caía llorando a los pies del rey e "imploraba evitar el proyecto de maldad de Amán el Agageo".

La Reina Ester estaba cargada con una abrumadora persistencia que buscaba la salvación de sus parientes hasta que se llevara a cabo. ¡Que inspirador ejemplo es ella para nosotras! También enfrentamos situaciones que causan que clamemos en desesperación a nuestro Rey. De una hermosa manera, DIOS hace un trabajo intangible en nuestros corazones, mientras constantemente nos sinceramos con ÉL, concerniente al mismo problema. Esta persistencia en oración refuerza nuestra conexión con ÉL, mientras reconocemos y articulamos nuestra dependencia total en ÉL.

También DIOS se deleita en nuestra persistencia porque se basa en una fe como la de un niño – el conocimiento que sólo ÉL es nuestra ayuda en tiempo de necesidad. Que diligentemente persistamos en oración hasta que veamos el remedio divino de DIOS. Podemos descansar seguras de que ÉL tiene la respuesta para el clamor de nuestros corazones.

ALCANZANDO LA JUSTICIA

Considera cómo estos pasajes se aplican a tí...

1. ¿Qué problema continúa siendo una carga para tu corazón hasta el día de hoy? Toma un tiempo y clama a DIOS en oración acerca de esta preocupación.

2. Lee el Salmo 42 y describe los sentimientos del salmista. ¿Cómo tus sentimientos (acerca del problema mencionado arriba) se parecen a sus sentimientos? ¿Cómo expresarías tus sentimientos a DIOS para que traiga consuelo, esperanza y paz?

3. Lee Mateo 15:21-28. ¿Cuáles fueron los resultados de la persistencia de la mujer y por qué? ¿Cómo se relaciona contigo?

Ora para que DIOS cambie tu vida...

¡Abba Padre! Gracias por la ayuda que siempre provees. Por favor, enséñame a ser persistente en la oración y hacerlo con vulnerabilidad. En el nombre de TU Amado Hijo, JESÚS, Amén.

Lección 20B

PERSEVERANDO EN LA ORACIÓN

Primero, ven a SU presencia…

Amado Padre Celestial, TÚ eres DIOS activo, atento y fiel. Confieso que no intercedo por otros diligentemente ni constantemente como debiera. Por favor, enséñame a través de TU Palabra y de TU ESPÍRITU SANTO…

Lee lo que DIOS dice en Ester 8:3-6 y escribe tus observaciones de los versículos 4-6. Asegúrate de incluir el quién, qué, dónde, cuándo, etc.

Reflexiona en estos pensamientos…

    Una vez más el Rey Asuero recibió a su reina con beneplácito y con su cetro de oro extendido. Este dio a Ester la seguridad que ella necesitaba para estar delante de él y presentarle un plan para salvar a su pueblo. La humildad en su corazón era evidente, otra vez, la manera en que da a conocer su petición priorizó la voluntad del rey sobre la de ella.

    Además, ella aparentaba que refrenaba sus emociones hasta este punto, para verbalizar su petición claramente. El plan de Ester no era necesariamente creativo, ni siquiera totalmente posible de acuerdo a la ley Persa; pero era compasivo y genuino. Por otra parte, esto se originó de su compromiso de interceder fielmente por los judíos hasta recibir una respuesta definitiva.

    Igualmente, tenemos la seguridad de que podemos entrar a la presencia de DIOS a través de CRISTO y presentarle nuestras peticiones. Aunque nuestras oraciones puedan ser sencillas, o carentes de conocimientos, DIOS se complace cuando venimos a ÉL con sinceridad. ÉL no está buscando palabras muy elevadas, pero sí honestas. Además, DIOS es glorificado cuando mostramos su carácter al interceder incesantemente por otros.

    Que su deseo de escuchar nuestras peticiones –juntamente con nuestro deseo de recibir una respuesta- nos anime cada vez más a persistir en la oración.

ALCANZANDO LA JUSTICIA

Considera cómo estos pasajes se aplican a tí...

1. ¿Qué factor representa la voluntad de DIOS en nuestras peticiones de oración? Lee 1ª Juan 5:14-15 y Mateo 6:9-14 para más claridad.

2. Lee Romanos 8:26-27. De acuerdo a estos versículos, ¿Qué parte tiene DIOS en nuestras oraciones?

3. ¿Es importante interceder por otros en oración? Nombra algunas personas por las cuales intercedes continuamente y escribe tus peticiones específicas.

Ora para que DIOS cambie tu vida...

¡Abba Padre! Gracias por TU ESPÍRITU SANTO quien me da las palabras para orar. Por favor, hazme más sensible a ÉL y a su guía en mis oraciones. En el Nombre de TU Amado Hijo, Amén.

Lección 21A

MINISTRANDO A OTROS

Primero, ven a SU presencia…

Amado Padre Celestial, te adoro por ser un DIOS generoso. TÚ me has dado autoridad y poder para ministrar a otros. Confieso que con frecuencia mis temores e inseguridades evitan que lo haga. Por favor, enséñame a través de TU Palabra y por el poder de TU ESPÍRITU SANTO…

Lee lo que DIOS dice en Ester 8:7-10 y escribe tus observaciones de los versículos 7-8. Asegúrate de incluir el quién, qué, dónde, cuándo, etc.

Reflexiona en estos pensamientos…

En respuesta a la súplica emocional de la Reina Ester, el Rey Asuero le explicó que un decreto escrito en su nombre y sellado con su anillo no podría ser revocado (Vs. 8). Por tanto, él ofreció la siguiente solución: les dijo que escribieran un nuevo decreto en su nombre y lo sellaran con su anillo.

En esencia, a la Reina Ester y a Mardoqueo se les dio más la oportunidad para servir a su pueblo – ¡aún en este tiempo el mismo rey los autorizó!, Al escribir este nuevo decreto en nombre del Rey Asuero se les dio la certeza de que sus palabras serían recibidas como ley. Sellando su decreto con su anillo confirmó que nada ni nadie podía cambiarlo. ¡Que maravillosa sensación de seguridad debió haberles dado esto! Después de todo lo que habían pasado, ellos pudieron descansar seguros de que su pueblo en efecto se salvaría de la destrucción completa.

Igualmente como cristianas, vamos en el nombre de CRISTO ministrando a otros con la autoridad de SU Nombre. Además nos selló permanentemente con su ESPÍRITU SANTO. ¡Que confianza nos da esto! ¿Cómo puede ser que el DIOS todopoderoso nos haya confiado representarlo y compartir su mensaje? No tomemos nuestro ministerio a la ligera. El trabajo de DIOS es mucho más valioso para hacerlo. Que el poder en el nombre de CRISTO Y SU ESPÍRITU SANTO que mora en nosotras nos inspire a ministrar a otros más apasionadamente. Y que luego podamos descansar en lo que ÉL hará.

ALCANZANDO LA JUSTICIA

Considera cómo estos pasajes se aplican a tí...

1. ¿Qué significa ministrar a otros? Usa la Escritura para apoyar tu respuesta.

2. ¿Qué bendiciones has recibido como resultado de ministrar a otros, y cómo esto te ha animado a continuar?

3. De acuerdo a Tito 2:11-15, ¿Qué verdades podemos compartir con otros y de qué manera (lee el versículo 15) estamos listas para comunicárselas?

Ora para que DIOS cambie tu vida...

¡Abba Padre! Gracias por confiarme TU mensaje y escogerme para compartirlo a otros. Por favor, dame valor para hablar TU verdad con la autoridad de TU nombre. En el Nombre de TU Amado Hijo JESÚS, Amén.

Lección 21B

MINISTRANDO A OTROS

Ven a SU presencia primero...

Amado Padre Celestial, te adoro por TU excelencia en todas las cosas. Confieso que algunas veces pierdo de vista todo lo que has hecho y la razón por la que quieres que ministre a otros. Por favor, enséñame a través de TU Palabra y por el poder de TU ESPÍRITU SANTO...

Lee lo que DIOS dice en Ester 8:7-10 y escribe tus observaciones de los versículos 9-10. Asegúrate de incluir el quién, qué, dónde, cuándo, etc.

Reflexiona en estos pensamientos...

    Los escribas del rey fueron llamados a ayudar a Mardoqueo en la escritura del nuevo decreto. Que importante rol tomaron al traducir sus palabras a cada "provincia según su escritura, y a cada pueblo conforme a su lengua, a los judíos conforme a su escritura y lengua" (Vs. 9). Sin sus habilidades, este documento que salvaría sus vidas, literalmente no hubiera sido comunicado a todos.

    Además, Mardoqueo envió esta carta con el apoyo y la autoridad del rey. "Y escribió en nombre del Rey Asuero y lo selló con el anillo del Rey, y envío cartas por medio de correos montados en caballos veloces procedentes de los sementales reales" (Vs. 10). Él no hizo nada de baja calidad –el usó lo mejor de lo mejor.

    En comparación, DIOS nos ha dado a cada una talentos y dones espirituales. ÉL nos llama a cumplir responsabilidades específicas y observar con qué actitud las llevamos a cabo. Primero, ¿somos fieles ministrando a otros usando nuestros talentos y dones? Segundo, ¿lo hacemos con excelencia o estamos satisfechas cumpliendo sólo con lo mínimo? Entendamos que DIOS nos quiere equipar de nuevo para ministrar y que merece lo mejor de nosotras. Después de todo, ÉL nos dio lo mejor cuando nos dio a SU HIJO.

ALCANZANDO LA JUSTICIA

Considera cómo estos pasajes se aplican a tí...

1. ¿Qué talento (hablar, pintar, organizar, escribir, decorar, cocinar, etc.) posees que puedas usar más en el Reino de DIOS? ¿Cómo estás usando o usarás tus talentos para su propósito?

2. Lee 1ª Pedro 4:10-11. ¿Qué trabajo específico DIOS te dio para hacer, y en qué nivel de excelencia lo estás haciendo? Referente a Colosenses 3:23-24, ¿Cuál es la perspectiva de DIOS en cuanto a servir?

3. ¿Qué te impide ministrar a otros, y qué puedes, específicamente, pedir a DIOS que haga dentro de tí, para vencer los obstáculos?

Ora para que DIOS cambie tu vida...

¡Abba Padre! Gracias por equiparme en alguna capacidad para compartirte con otros. Por favor, dame fuerza y valentía para ministrar total y frecuentemente a otros. En el nombre de TU Amado Hijo, JESÚS, Amén.

Lección 22A

APLICANDO LA PALABRA DE DIOS

Primero ven a SU presencia…

Amado Padre Celestial, TÚ sufres y pacientemente te comunicas conmigo. Confieso que no siempre respondo a TU Santa Palabra con el asombro y maravilla que merece. Por favor, enséñame a través de TU Palabra y por el poder de TU ESPÍRITU SANTO…

Lee lo que DIOS dice en Ester 8:11-14 y escribe tus observaciones de los versículos del 11-13. Asegúrate de incluir el quién, qué, dónde, cuándo, etc.

Reflexiona en estos pensamientos…

En estos pocos versículos, el contenido del decreto de Mardoqueo está explicado en detalle. No sólo el rey dio permiso a los Judíos de defenderse en el día treinta de Adar, sino que también les concedió el derecho completo de destruir a sus enemigos y "apoderarse de sus bienes" (Vs. 11).

¡Qué asombroso vuelco de eventos! Lo que antes era una situación desesperada, cambió hasta ser un día de batalla legal en contra de los enemigos de los judíos. Más aun, faltaban nueve meses para la batalla, así que tuvieron bastante tiempo para prepararse.

Para nosotras, esto simboliza las situaciones desesperadas en que estábamos antes de convertirnos a Cristo. Nuestro enemigo, Satanás, tenía poder sobre nosotras —encararíamos la muerte eterna y separación de DIOS. Aun así, DIOS en su maravilloso amor envió a su Hijo, JESÚS, para ser nuestro Salvador y darnos vida. ¡ÉL es nuestro defensor y destructor de nuestro enemigo!

Sin embargo, nos encontraremos en situaciones desesperadas a lo largo de nuestra vida. Estas situaciones siempre incluirán un elemento de batalla espiritual. Afortunadamente, DIOS nos da las instrucciones de como participar en la guerra espiritual, mientras estamos a salvo en SU protección. La vitalidad de nuestra jornada espiritual y nuestra eficacia en el reino de DIOS están determinadas por nuestra obediencia a esas instrucciones. Todo el tiempo debemos estar preparadas porque nuestro "adversario el diablo, como león rugiente, anda alrededor buscando a quien devorar" (1 Pedro 5:8). En otras palabras, debemos aplicar la Palabra de DIOS para experimentar completamente SU protección, provisión y victoria en nuestras vidas.

ALCANZANDO LA JUSTICIA

Considera cómo estos pasajes se aplican a tí...

1. ¿En qué nombre vino JESÚS, y por qué vino? Lee Juan 5:43, 1ª Juan 3:8, y Hebreos 2:11-16 para una mayor compresión.

2. ¿A qué "desilusión" o situación tremendamente difícil estás haciendo frente, y cómo la Palabra de DIOS te da esperanza y dirección? Escoge algunos versos del Salmo 119 que te hablen específicamente.

3. Basados en Efesios 6:10-18, ¿De qué manera nos manda prepararnos para la batalla espiritual? Menciona una manera práctica de cómo harás esto diariamente.

Ora para que DIOS cambie tu vida...

¡Abba Padre! Gracias por la armadura que me provees para mi protección. Por favor, ayúdame a aplicar TU Palabra y vestirme de esta armadura cada día. En el nombre de TU Amado, Hijo, JESÚS. Amén.

Lección 22B

APLICANDO LA PALABRA DE DIOS

Primero ven a SU presencia…

Amado Padre Celestial, te adoro –TÚ eres perfecto y TU Palabra es completamente incapaz de equivocarse. Confieso que muchas veces no aplico TU Palabra en las situaciones diarias que enfrento. Por favor, ayúdame a través de TU Palabra y por el poder de TU ESPÍRITU SANTO…

Lee lo que DIOS dice en Ester 8:11-14 y escribe tus observaciones del versículo 14. Asegúrate de incluir el quién, qué, dónde, cuándo, etc.

Reflexiona en estos pensamientos…

Es notable mencionar que "salieron a toda prisa por la orden del rey; y el edicto fue dado en Susa capital del Reino" (Vs. 14). En otras palabras, cuando el rey les decía algo, lo hacían de inmediato. No sólo era distribuir este decreto, pero también era una obligación moral, porque la vida de los judíos dependía de eso.

Además, esta ley también les afectó directamente a ellos. Ya que el decreto de Amán (Ester 3:13) no pudo ser abolido, el decreto de Mardoqueo los forzó a escoger entre pelear con los judíos o en contra de ellos.

En una manera similar, DIOS nos da instrucciones en SU Palabra que nos afectan. Debemos aplicar la Palabra de DIOS permitiendo que hable a nuestras conciencias y moldear nuestro comportamiento. Podríamos diariamente leer y preguntar, "¿Cómo esto se aplica a mí?" Que el ESPÍRITU SANTO, nos guíe a entender y que nos dé la oportunidad de conducirnos de acuerdo a lo que ÉL dice.

Es imperativo que apliquemos la Palabra de DIOS a nosotras mismas, porque sin una aplicación práctica nuestra cabeza simplemente está llena de conocimiento. Repetidamente fallaremos e impactaremos de forma negativa a otros. Pero, si aplicamos la Palabra de DIOS, creceremos fuertes e influenciaremos a otros positivamente. ¡Así que hay que abrir nuestros corazones a la Palabra de DIOS y permitir que nos cambie! Al hacerlo, el mensaje de DIOS dará libertad, esperanza y será declarado a través de nuestras vidas.

Considera cómo estos pasajes se aplican a tu vida...

1. ¿En qué área de tu vida no estás aplicando la Palabra de DIOS, y cuáles son los resultados? ¿Escoge un versículo de la Biblia que te de guía para esto y explica cómo lo podrás aplicar a tu vida el día de hoy?

2. De acuerdo a 2ª Timoteo 3:16-17 ¿Cuáles son los beneficios de la Palabra de DIOS? ¿Por qué es importante que apliquemos esto a nuestras vidas? Usa más las Escrituras para apoyar tu respuesta.

3. ¿Cómo está tu vida reflejando la esperanza y libertad de DIOS a otros? Si no es así, ¿por qué no lo es?

Ora para que DIOS cambie tu vida...

¡Abba Padre! Gracias por el tesoro de TU Palabra Escrita, por favor, incrementa mi respeto por ella, así como mi apego a ella. En el nombre de TU Amado, Hijo, JESÚS, Amén.

Lección 23A

SIEMPRE REGOCIJÁNDONOS

Primero ven a SU presencia...

Amado Padre Celestial, TÚ eres un DIOS de gozo en quien me deleito para adorar. Confieso que algunas veces me enfoco en las cosas negativas en lugar de enfocarme en todos los tesoros que hay en Tí. Por favor, enséñame a través de TU Palabra y por el poder de TU ESPÍRITU SANTO...

Lee lo que DIOS dice en Ester 8:15-17 y escribe tus observaciones del versículo 15-16. Asegúrate de incluir el quién, qué, dónde, cuándo, etc.

Reflexiona en estos pensamientos...

Qué magnífico momento ocurrió en el verso 15 —Mardoqueo fue vestido con ropas reales y presentado a una multitud que le aplaudía. Sus actos de rectitud seguramente prepararon el camino para este tiempo de honor. Porque sus motivaciones fueron rectas y no estaban arraigadas en un deseo de fama o gloria, DIOS lo levantó a los ojos de los hombres. En respuesta, la ciudad de Susa "gritó y se regocijó". Ellos estaban excesivamente complacidos con él y la posición que él había alcanzado.

Además, "los judíos tuvieron luz y alegría, gozo y honra" (Vs. 16). Las palabras probablemente no pueden describir el júbilo que ellos sintieron. El decreto de Amán los había condenado a muerte, mientras que el decreto de Mardoqueo proveyó esperanza a su existencia. ¡Que hermoso retrato es Mardoqueo de nuestro SEÑOR JESUCRISTO! Un día JESÚS se dará a conocer en toda su gloria, y esto nos causará gran gozo. Incluso ahora podemos estar gozosas ante los cambios y dificultades de la vida en la tierra, porque tenemos una esperanza eterna.

"Más nuestra ciudadanía está en los cielos, de donde también esperamos al Salvador, al SEÑOR JESUCRISTO; el cual transformará el cuerpo de la humillación nuestra, para que sea semejante al cuerpo de la gloria suya" Filipenses 3:20-21. ¡Gracias a JESÚS, podemos regocijarnos siempre —con la certeza de que él regresará pronto!

ALCANZANDO LA JUSTICIA

Considera cómo estos pasajes se aplican a tu vida...

1. ¿Refleja Tu semblante gozo a otros? ¿Por qué sí o por qué no?

2. De acuerdo a los Salmos 35:9, 119:162, ¿Cuáles son algunas razones que tenemos para regocijarnos? ¿En cuál de ellas te regocijarás más?

3. Lee 1ª Pedro 4:12-13. ¿De qué maneras estás sufriendo por el amor a CRISTO, y cómo estos versículos te instruyen y dan ánimo?

Ora para que DIOS cambie tu vida...

¡Abba Padre! Gracias por darme razones para regocijarme siempre. Por favor, enfoca mi corazón y mente en el regreso de TU Hijo, y en nuestro futuro juntos. En el Nombre de TU Amado, Hijo, JESÚS. Amén.

Lección 23B

SIEMPRE REGOCIJÁNDONOS

Primero ven a SU presencia…

Amado Padre Celestial, te adoro por ser un "DIOS de libertad" (Sal. 68:20). Confieso que a menudo doy por sentada TU protección y fallo en ver con cuanta frecuencia me liberas. Por favor, enséñame a través del poder de TU Palabra y por el poder de TU ESPÍRITU SANTO

Lee lo que DIOS dice en Ester 8:15-17 y escribe tus observaciones del versículo 17. Asegúrate de incluir el quién, qué, dónde, cuándo, etc.

Reflexiona en estos pensamientos…

A medida el nuevo decreto del rey se hizo llegar a cada provincia y ciudad, fue recibido con gratitud y gozo (Vs. 17) por los judíos. Ellos festejaron y celebraron reconociendo este tremendo día. DIOS usó el comportamiento justo de Mardoqueo y Ester para asegurar la esperanza para todo el pueblo judío. Como resultado todos los judíos pudieron regocijarse en la protección de DIOS.

Su regocijo dio a luz el cuidado y el amor que ellos experimentaron como sus escogidos. Esto también atrajo la atención de otros y promovió el entendimiento de que los judíos eran el pueblo de DIOS. Este conocimiento produjo temor en el corazón de algunos, lo cual guió a la conversión de muchos judíos a la fe.

¡Qué poderoso recordatorio para nosotros! Nuestro gozo como cristianos atrae la atención. Esto revela que tenemos paz y esperanza, por lo que DIOS ha hecho por nosotras. Al regocijarnos siempre, otros se maravillan de lo que nos hace diferentes. Cuando ellos crean, entenderán que le pertenecemos al más Alto DIOS y que nos ha cambiado por SU poder, DIOS puede usar nuestro ejemplo para que le honren. Si eso ocurre, ÉL puede atraerlos a sí mismo y salvarlos. ¿No sería eso un increíble resultado? No es necesario decirlo, regocijarnos siempre es un importante aspecto de la justicia. Comunica a otros que servimos al poderoso y asombroso DIOS que ama y cuida de SU pueblo.

ALCANZANDO LA JUSTICIA

Considera cómo estos pasajes se aplican a tí...

1. Lee Santiago 1:2-3. ¿A qué tipo de prueba te estás enfrentando? ¿Cómo puedes regocijarte en medio de eso y hacer una diferencia en tí, y en otros?

2. Lee el Salmo 63:7. ¿En qué manera DIOS recientemente te ha ayudado y protegido, y cómo esto hace que te regocijes?

3. En tu opinión, ¿qué beneficios se derivan de una actitud de regocijarte siempre? Explica específicamente cómo buscarás regocijarte diariamente.

Ora para que DIOS cambie tu vida...

¡Abba Padre! Gracias por usarme como luz en medio de este mundo oscuro. Por favor, que siempre me regocije para que otros sean atraídos a Tí. En el nombre de TU Amado Hijo, JESÚS, Amén.

Lección 24A

PELEANDO PARA GANAR

Primero ven a SU presencia...

Amado Padre Celestial, te adoro como el DIOS de esperanza y victoria. Sólo TÚ eres el Todopoderoso e Invencible. Confieso que a menudo me desaliento y esto me desanima, en lugar de depender de TU fuerza para levantarme. Por favor, enséñame a través del poder de TU Palabra y por el poder de TU ESPÍRITU SANTO

Lee lo que DIOS dice en Ester 9:1-10 y escribe tus observaciones del versículo 1-4. Asegúrate de incluir el quién, qué, dónde, cuándo, etc.

Reflexiona en estos pensamientos...

    El treintavo día del doceavo mes de –Adar– finalmente llegó. Porque a través de la intervención protectora de DIOS por medio de la Reina Ester, SU pueblo escogido pasó los nueve meses previos preparando la destrucción de sus enemigos. Este fue el clamor de Amán y sus intenciones originales hacía ellos. Que asombroso sentimiento flotaba en el aire cuando se preparaban para la batalla –sin duda ellos estaban sobrios y llenos de esperanza.

    De hecho, ellos estaban a la ofensiva en lugar de a la defensiva. En los versos 1 y 2 se revela que "los judíos se enseñorearon sobre quienes los aborrecían" y "nadie podía resistírseles". Además, el verso 3 transmite que todos los líderes empleados por el rey decidieron ayudar a los judíos "porque el temor de Mardoqueo había caído sobre ellos".

    La grandeza de Mardoqueo se incrementó de manera constante, la cual proveyó confianza para los judíos para enfrentar a sus enemigos. También se armaron de valor para pelear y ganar, debido a que la grandeza de Mardoqueo testificaba que el favor de DIOS estaba sobre ellos.

    Así mismo, DIOS nos escoge como mujeres cristianas e interviene en nuestras vidas a través de SU Hijo. ÉL nos ha bendecido con toda bendición espiritual en los lugares celestiales en CRISTO, según nos escogió en ÉL antes de la fundación del mundo (Efesios 1:3-4). ¿No es esto maravilloso? Nuestros corazones ahora pueden estar llenos de esperanza y pasión mientras más nos comprometamos con las batallas de nuestra vida espiritual. Siempre podemos pelear para ganar, conociendo la grandeza de nuestro SEÑOR JESUCRISTO que sobrepasa todo entendimiento. Aunque el desaliento y la oposición vengan, que no seamos engañadas hasta llegar al punto de pensar que no podemos ganar, en efecto, si "DIOS es por nosotros ¿quién contra nosotros? (Rom. 8:31). ¡DIOS ya nos ha equipado a través de SU Hijo y el poder de SU ESPÍRITU SANTO, para que entremos a cada batalla peleando para ganar!

ALCANZANDO LA JUSTICIA

Considera cómo estos pasajes se aplican a tí...

1. ¿En qué batalla espiritual específica estás, y con qué actitud estás enfrentándola? ¿Qué ajustes en tu actitud necesitas hacer?

2. ¿Cómo Éxodo 14:13-14, 15:2-3, Josué 1:9 y Sofonías 3:17, te alientan sobre la batalla que estás enfrentando?

3. Parafrasea 2ª Pedro 1:2-4. ¿Cómo estos versículos cambian tu perspectiva acerca de tus problemas para vivir una vida piadosa?

Ora para que DIOS cambie tu vida...

¡Abba Padre! Gracias por equiparme con todo lo que necesito para alcanzar la victoria espiritual. Por favor, ayúdame a recordar esto y a confiar en TI, para un éxito espiritual. En el nombre de TU Amado Hijo, JESÚS, Amén.

Lección 24B

PELEANDO PARA GANAR

Primero ven a SU presencia…

Amado Padre Celestial, te adoro por el poder de tu resurrección. Sólo TÚ puedes hacer que mi espíritu viva donde una vez estuve muerta. Confieso que mis pensamientos negativos a menudo eclipsan la verdad de TU poder en mí, cuando estoy en medio de la batalla espiritual. Por favor, enséñame a través de TU Palabra y por el poder de TU ESPÍRITU SANTO…

Lee lo que DIOS dice en Ester 9:1-10 y escribe tus observaciones de los versículos 5-10. Asegúrate de incluir el quién, qué, dónde, cuándo, etc.

Reflexiona en estos pensamientos…

El versículo 5 nos dice que los judíos "se enseñorearon de todos sus enemigos". La culminación de sus esfuerzos resultó en victoria –la muerte de 500 enemigos más 10 hijos de Amán. Verdaderamente, que el poder de DIOS Todopoderoso es absolutamente asombroso. DIOS no sólo proveyó una manera de escape para SU pueblo, ÉL también les dio la oportunidad de destruir a sus enemigos. Además, al matar a los 10 hijos de Amán ellos aseguraron su última victoria. Los que una vez intentaron destruir a los judíos se destruyeron así mismos.

Hoy, de la misma manera nos recuerda que el poder de DIOS trabaja milagrosamente en nosotras. SU poder nos fortalece y es capaz de lograr más de lo que podemos imaginar (Efesios 3:16-20). DIOS nos da formas de escapar (1ª Corintios 10:13) y oportunidades de victoria en contra de los enemigos que encontramos. Por ejemplo, hay varios pecados con los cuales peleamos, tentaciones que nos atraen, y situaciones que requieren discernimiento y sabiduría. ¡En lugar de pelear estas batallas ignorante o desesperadamente, podríamos estar peleando para ganar! Debemos darnos cuentas que el mismo poder que levantó a JESÚS de la muerte trabaja dentro de nosotras aumentando nuestra confianza y compromiso para la victoria. Que permanezcamos en el camino siendo sensibles y siguiendo al ESPÍRITU SANTO en cada movimiento que hagamos. ¡Que peleemos para ganar para la gloria de DIOS!

ALCANZANDO LA JUSTICIA

Considera cómo estos pasajes se aplican a tí...

1. ¿En qué batalla espiritual, es el deseo de DIOS que alcances una victoria dentro y a través de Tí, y cómo te someterás a sus caminos hoy? También, ¿Cómo 2ª Timoteo 4:7-8 te anima a continuar a la luz de esa situación?

2. ¿Qué causa que pelees tus batallas espirituales en ignorancia o sin pasión? ¿Qué harás esta semana para cambiar?

3. Lee Efesios 3:16-20 y Colosenses 1:29. ¿Cuál de estos versículos te enseña acerca del poder de DIOS y cómo te inspira a pelear para ganar?

Ora para que DIOS cambie tu vida...

¡Abba Padre! Gracias por desplegar TU asombroso poder a través de la historia y dentro de mí. Por favor, hazme estar consciente continuamente de que cada batalla la puedo enfrentar y ser una ganadora por tu poder y para TU gloria. En el Nombre de TU Amado HIJO, JESÚS, Amén.

Lección 25A

CONTINUANDO EN LA FE

Primero ven a SU presencia...

Amado Padre Celestial, te adoro como el Maestro Planificador –TUS planes para TU pueblo son impecables. Confieso que algunas veces me resisto o soy rebelde en contra de TUS planes específicos para mí. Por favor, enséñame a través de TU Palabra y por el poder de TU ESPÍRITU SANTO...

Lee lo que DIOS dice en Ester 9:11-15 y escribe tus observaciones de los versículos 11-13a. Asegúrate de incluir el quién, qué, dónde, cuándo, etc.

Reflexiona en estos pensamientos...

Cuando el Rey Asuero se dio cuenta de cuanta gente habían matado los judíos en Susa, aparentemente estaba asombrado. Al ser testigo del increíble éxito del pueblo de DIOS; debió haber pensado en la grandeza del DIOS de los judíos. Sólo un activo, poderoso, y amante DIOS podría haber protegido a SU pueblo de tan milagrosa manera.

El rey estaba tan impresionado que le preguntó a la reina Ester que más quería para concedérselo. La respuesta de Ester muestra que ella era una mujer sabia y preparada. Ella tuvo valor delante del rey para pedirle que la batalla se extendiera un día más, para que más de sus enemigos fueran destruidos. Por tanto, aunque los judíos de Susa pensaban que la batalla había terminado, el mandato del rey la extendió. Había aún más enemigos que necesitaban ser destruidos, lo cual les dio motivo para continuar.

De la misma manera, como cristianas debemos continuar diligentemente en nuestra fe. Por la gracia de DIOS experimentaremos muchas victorias espirituales, pero siempre habrá más trabajo por hacer. Por otra parte, también experimentaremos derrotas espirituales debido al pecado. Aun a pesar de todo, consistentemente debemos seguir adelante, no debemos conformarnos con el éxito o darnos por vencidas después de la derrota. Debemos continuar en fe hasta que el trabajo de DIOS sea terminado en y a través de nosotras.

ALCANZANDO LA JUSTICIA

Considera cómo estos pasajes se aplican a tí...

1. Usa la Escritura para apoyar tu respuesta, describe "la fe" que tienes.

2. Lee Filipenses 3:13-14. ¿Qué incentivo te dan estos versículos para "continuar en la fe"?

3. ¿Cómo te hace sentir el hecho de que DIOS te muestra SU generosidad (lee Mateo 7:11 y Santiago 1:17? A la luz de esto. ¿Qué petición nueva le harás a ÉL?

Ora para que DIOS cambie tu vida...

¡Abba Padre! Gracias por la verdad de TU Evangelio y el firme fundamento que provee. Por favor, enséñame a presentarlo con sencillez y a comprender sus profundidades. En el Nombre de TU Amado Hijo, JESÚS, Amén.

Lección 25B

CONTINUANDO EN LA FE

Primero ven a SU presencia…

Amado Padre Celestial, TÚ eres un DIOS de paciencia infinita. Confieso que usualmente cedo a reacciones con demasiada facilidad cuando estoy bajo presión. Por favor, enséñame a través de TU Palabra y por el poder de TU ESPÍRITU SANTO…

Lee lo que DIOS dice en Ester 9:11-15 y escribe tus observaciones de los versículos 13b-15. Asegúrate de incluir el cómo, qué, cuándo, dónde, etc.

Reflexiona en estos pensamientos…

El resto de la petición de la Reina Ester fue para que los hijos de Amán fueran colgados en la horca. Colgando sus cuerpos muertos no sólo demostraba que habían sido asesinados, pero también servía como una advertencia para sus enemigos. Este despliegue público de victoria, probablemente incremento el favor de los judíos. Por tanto, ellos continuaron en batalla en el cuarentavo día y asesinaron a trescientos enemigos más. Su unidad y vigilancia produjo un resultado favorable.

Aunque el decreto del Rey les concedió el permiso para "saquear los bienes" (Ester 8:11), es interesante hacer notar que ellos no tocaron sus bienes (Vs. 15). Probablemente ellos no querían tener parte alguna con la riqueza que esa gente poseía. Ellos no querían disfrutar de la ganancia de nada que hubiera quedado atrás, en lugar de eso se regocijaron completamente en el poder y la bendición de DIOS. De esa forma, ellos continuaron en batalla con buenas intenciones.

Así mismo, necesitamos continuar en la fe con las motivaciones correctas. Debemos de buscar victoria para DIOS, en lugar de buscar nuestra propia satisfacción. Más bien, no se trata de lo que otros vean por fuera, sino lo que DIOS ve en nuestros corazones. Que la fe que vivimos exteriormente sea el desbordamiento de la que poseemos interiormente.

ALCANZANDO LA JUSTICIA

Considera cómo estos pasajes se aplican a tí...

1. Menciona tres ejemplos de victorias espirituales que DIOS te ha dado en tu vida. ¿Cómo te ha animado esto en la fe para continuar?

2. ¿En qué cosas profanas estás encontrando placer? Lee 1ª Pedro 1:15-16 y explica cómo podrías aplicar esta instrucción en tu situación.

3. Lee Gálatas 3:1-3. ¿En qué aspecto en particular estas tratando de lucir bien por fuera, pero por dentro estás hecha un desastre? ¿Cómo podrías rectificar esto?

Ora para que DIOS cambie tu vida...

¡Abba Padre! Gracias por mostrarme quien soy realmente y por convencerme de mis pecados. Por favor, permíteme continuar en la fe con un corazón sincero. En el Nombre de TU Amado, JESÚS, Amén.

Lección 26A

ADORANDO A DIOS JUNTOS

Primero ven a SU presencia...

Amado Padre Celestial, pronunciar TU Nombre es un deleite y honor. TU Nombre es "Torre Fuerte" que me da libertad (Prov. 18:10). Confieso que algunas veces dudo en adorar TU amado Nombre en público. Por favor, enséñame a través de TU Palabra y por el poder de TU ESPÍRITU SANTO...

Lee lo que DIOS dice en Ester 9:16-17 y escribe tus observaciones de los versículos 16-17. Asegúrate de incluir el cómo, qué, cuándo, dónde, etc.

Reflexiona en estos pensamientos...

Este pasaje empieza con la descripción de la victoria de los Judíos – ¡ellos mataron a 75,000 enemigos en un día! La guerra de ellos no era una guerra como las nuestras, en lugar de eso, ellos lograron una victoria individual, combatiendo cara a cara. Seguramente fueron testigos del odio y temor en la cara de sus enemigos, aun así sin descanso los mataron y tomaron ventaja de esta oportunidad para eliminarlos.

El versículo 16 registra que ellos no tocaron el botín, pero celebraron juntos a través de la victoria que DIOS les dio. El versículo 17 especifica el descanso de los judíos, su ayuno y regocijo en el catorceavo día. ¡DIOS los libertó de sus enemigos!, lo cual causó que ellos reconocieran SU amor y poder de una nueva manera. ¡Ellos tenían una razón para celebrar!

En nuestras vidas, DIOS continuamente nos libera de nuestros enemigos espirituales mientras nos sometemos a ÉL, y caminamos en SUS caminos. ÉL repetidamente nos revela SU carácter en las experiencias a través de SU Palabra. Aun así nuestro entendimiento de ÉL es limitado –la enormidad del carácter de DIOS es demasiado para comprenderlo. Sin embargo, cada domingo tenemos la oportunidad de adorarle y celebrar su grandeza.

Así como los judíos celebraron y adoraron juntos; Aunque podemos y debemos individualmente adorar a DIOS diariamente, hay un significado especial cuando le adoramos juntas como Cuerpo de CRISTO. Además, podemos gozarnos juntas en SU Santa Palabra, la cual nos puede guiar hasta un gran regocijo.

Reconozcamos el tremendo privilegio que tenemos de adorar juntas a DIOS libremente y valorar lo que ÉL ha hecho por nosotras. Que verbalmente, reconozcamos quien es ÉL y abiertamente expresemos nuestro amor por ÉL.

Considera cómo estos pasajes se aplican a tí...

1. Describe el momento cuando DIOS te liberó de un enemigo espiritual ¿Cómo eso afectó tu entendimiento de ÉL y la adoración a ÉL ?

2. Lee Hebreos 10:25. La próxima vez que te reúnas con otros para adorar ¿a quiénes vas a tratar de animar? ¿Y Como?

3. ¿Qué te impide adorar a DIOS en presencia de otros cristianos? Por la gracia de DIOS, ¿qué harás para que eso cambie esta semana?

Ora para que DIOS cambie tu vida...

¡Abba Padre! Gracias por liberarme de mis enemigos espirituales y revelarme más de TU carácter. Por favor, enséñame a adorarte en espíritu y en verdad (Juan 4:23) entre TU pueblo. En el nombre de TU Amado Hijo, Jesús, Amén.

Lección 26B

ADORANDO A DIOS JUNTOS

Primero ven a SU presencia...

Amado Padre Celestial, TU eres digno de toda nuestra adoración. TU bondad y grandeza están más allá de mi comprensión. Confieso que mi adoración algunas veces se eclipsa por las peticiones que te hago. Por favor, enséñame a través de TU Palabra y por el poder de TU ESPÍRITU SANTO...

Lee lo que DIOS dice en Ester 9:16-19 y escribe tus observaciones de los versículos 18-19. Asegúrate de incluir el cómo, qué, cuándo, dónde, etc.

Reflexiona en estos pensamientos...

Los judíos de Susa continuaron su batalla hasta el catorceavo día, lo cual permitió que experimentaran más la victoria. Ellos debieron haber estado cansados por la batalla intensa y extendida, pero su celebración en el quinceavo día nos indica que sus esfuerzos valieron la pena.

Por otra parte, los judíos de las cercanías establecieron un día de celebración en honor a su victoria. Ellos querían recordar siempre este tremendo despliegue del poder de DIOS. Ellos se regocijaron, festejaron y se enviaron comida unos a otros –similar a la forma a la que celebramos hoy. Primero y ante todo, su día involucró un adecuado reconocimiento del trabajo de DIOS. Segundo, ellos disfrutaron las provisiones y bendiciones que ÉL les dio en forma de comida. Por último ellos compartieron esa bendición con otros.

Así mismo nosotras podemos implementar esas características a nuestros días festivos. Podemos apartar días para recordar particularmente victorias especiales que DIOS nos ha dado. Al hacerlo, podemos adorar a DIOS juntas por su toque personal en nuestras vidas. Mientras levantamos SU Nombre en sincera adoración, nuestra adoración se convierte en un regalo que le agrada a DIOS.

Además adorar a DIOS juntas nos permite compartir unas con otras nuestro entendimiento de DIOS. Esta es una auténtica manera espiritual de nutrirnos unas a otras. Finalmente, la adoración corporal une nuestros corazones mientras exaltamos al Único que amamos. ¡Sólo ÉL es digno de toda nuestra alabanza!

ALCANZANDO LA JUSTICIA

Considera cómo estos pasajes se aplican a tí...

1. ¿Qué beneficios hay al adorar a DIOS con otros cristianos? Más importante, ¿por qué es tan importante la adoración corporal para DIOS? Usa las Escrituras para apoyar tu respuesta.

2. Lee Salmos 146:1, 147:1, 148:1 y 150:1. Ahora escribe una pequeña oración de adoración y léela en voz alta a otras para la gloria de DIOS.

3. Piensa en una cosa significativa que DIOS ha hecho por Tí y por otras cristianas (ej: en Tí y en tu grupo pequeño, en Tí y en tu familia, etc.). ¿De qué manera especial celebrarías en adoración los hechos de DIOS a tu favor?

Ora para que DIOS cambie tu vida...

¡Abba Padre! Gracias por tus actos de bondad que revelan TU amor. Por favor, avívame continuamente para pronunciar mi adoración a Tí. En el Nombre de TU Amado Hijo, JESÚS, Amén.

Lección 27A

RECORDANDO LOS HECHOS DE DIOS

Primero ven a SU presencia…

Amado Padre Celestial, TÚ siempre nos recuerdas TUS palabras y guardas TUS promesas. Confieso que durante los tiempos difíciles generalmente fallo en recordar inmediatamente TUS actos de gracia hacia mí en el pasado. Por favor, enséñame ahora a través de TU Palabra y por el poder del ESPÍRITU SANTO.

Lee lo que DIOS dice en Ester 9:28-29 y escribe tus observaciones de los versículos 20-23. Asegúrate de incluir el quién, qué, dónde y cuándo, etc.

Reflexiona en estos pensamientos…

DIOS nos habla de maneras maravillosas para que sepamos lo que debemos hacer. Primero y ante todo, nos ha dado SUS Palabras como un plan de lecciones para la vida, a través de SU ESPIRITU SANTO que nos enseña todas las cosas que necesitamos saber (Juan 14:26). Además, DIOS también habla a través de SU pueblo. Por ejemplo, Mardoqueo documentó todo lo que ocurrió concerniente a los judíos y envío cartas con instrucciones para ellos. Él los obligó (v.21) a apartar los días 14 y 15 del mes 12 de cada año, para conmemorar, oficialmente el increíble acto de liberación que DIOS les dio. A través de Mardoqueo, DIOS claramente transmitió SU deseo a SU pueblo, para que ellos recordaran lo que ÉL había hecho por ellos. Los judíos recibieron estas palabras, y gustosamente confirmaron que las empezarían a llevar a cabo (v. 23)

Verdaderamente, esto fue un maravilloso regalo para que cada año recordaran y celebraran la salvación de DIOS. ÉL hizo cosas poderosas por ellos –restauró su honor y los capacitó para destruir a sus enemigos. ¡Qué fabulosa lección para nosotras! Nuestras vidas han sido rescatadas no sólo de la muerte eterna, sino también de la vergüenza y la desesperación. El día vendrá cuando disfrutaremos de SU presencia por siempre, pero por ahora podemos regocijarnos en la vida abundante que tenemos en ÉL (Juan 10:10). Cuan dulce es esta reflexión en su constante cuidado y liberación, conociendo que todo se origina en SU corazón rebosante de amor. El Recordar los actos de DIOS a nuestro favor, siempre eleva nuestra perspectiva y anima nuestra fe; pero lo más importante es que recordaremos los actos de DIOS y le daremos toda la gloria por las grandes cosas que ha hecho (Salmo 126:3).

ALCANZANDO LA JUSTICIA

Considera como este pasaje se aplica a tu vida...

1. ¿Qué plan se te ha confirmado a través del consejo y palabras de un buen amigo? ¿Cómo empezarás a practicarlo en esta semana?

2. Haz una lista de varias cosas que DIOS ha hecho por Tí. ¿Cómo recordar estas cosas te animan el día de hoy?

3. Después de leer Génesis 50:20, Jeremías 29:11, y Romanos 8:28, describe que situación difícil en tu vida DIOS ha cambiado por SU poder. Escoge uno de estos versículos y explica como experimentas su verdad en dicha situación.

Ora para que DIOS cambie tu vida...

¡Abba Padre! Gracias por obrar continuamente en mi vida y en el mundo que TÚ creaste. Por favor, trae TUS hechos a mi mente —especialmente en tiempo de desánimo, debilidad y de batallas espirituales. En el nombre de TU amado HIJO, JESÚS, Amén

Lección 27B

RECORDANDO LOS HECHOS DE DIOS

Primero ven a SU presencia...

Amado Padre Celestial, TÚ eres un DIOS resuelto que siempre llevas a cabo TU voluntad. Confieso que usualmente empiezo el día pensando más en mis planes que en los TUYOS. Por favor, enséñame a través de TU Palabra y por el poder del ESPÍRITU SANTO...

Lee lo que DIOS dice en Ester 9:20-28 y escribe tus observaciones de los versículos 24-28. Asegúrate de incluir el quién, qué, cuándo y dónde, etc.

Reflexiona en estos pensamientos...

El hecho de que los judíos hubiesen establecido una costumbre para ellos mismos (Vs. 27) indica un alto nivel de prioridad. Ellos querían conmemorar este evento para ellos mismos, y para sus descendientes y para todos los que se aliaron con ellos (Vs. 27). Estos días se nombraron como Purín, e intentaron recordarlos a través de todas la generaciones. Qué interesante porque fue parte de lo que forjó Amán -"Pur", un acto de azar que eventualmente se convirtió en la celebración de los Judíos del Purín, lo que es un testimonio poderoso de la Soberanía de DIOS.

Toda la situación, de principio a fin nunca fue una sorpresa para DIOS. Nada fue por casualidad o estuvo fuera de SU control. De hecho, todo fue parte de SU voluntad y de la bondad para con SU pueblo. La celebración anual de los judíos nos recuerda esta extraordinaria victoria que ellos experimentaron por el poder de DIOS. Así también, testificaron de la verdadera bondad de DIOS, y del amor, y la verdad de SU carácter.

Nosotras, necesitamos recordatorios de lo que DIOS ha hecho por nosotras. ¡Olvidar se ha convertido, desafortunadamente, en un aspecto real de la raza humana! Además, el estar ocupadas parece imponerse a nuestras mejores intenciones y algunas veces causa que miremos por encima de las cosas más importantes. Que aprendamos del ejemplo de los judíos para recordar a nuestro asombroso DIOS y sus poderosos actos. Que hagamos de esto una prioridad diaria para que seamos controladas por sus actos en lugar de por los nuestros.

ALCANZANDO LA JUSTICIA

Considera como estos pasajes se aplican a tí...

1. ¿Por qué es importante pasar los recuerdos de la bondad y el poder de DIOS a la siguiente generación? ¿De qué manera específica lograrás esto, y en qué áreas tú puedes buscar mejorar?

2. ¿Cómo afecta tu corazón tomar la Cena del Señor? Lee 1ª Corintios 11:23-26 y explica la importancia de recordarla.

3. Además de lo ocupado y olvidadizo de la humanidad ¿qué te priva consistentemente de recordar los actos de DIOS? ¿Qué harás hoy para hacer de la remembranza una parte regular de tu vida?

Ora para que DIOS cambie tu vida...

¡Abba Padre! Gracias por darme memorias de TUS hechos en el pasado, los cuales nos dan esperanza para el futuro. Por favor, usa estas memorias como un recurso de tu luz santa de mis experiencias diarias. En el nombre de TU Amado, Hijo, JESÚS, Amén.

Lección 28A

TRABAJANDO JUNTAS EN UNIDAD

Primero ven a SU presencia…

Santísimo DIOS, TU eres el trino DIOS – tres en uno. TÚ eres el perfecto ejemplo de lo que significa trabajar en unidad. Confieso que algunas veces lucho por mis derechos o intereses en lugar de luchar por el amor a la unidad. Por favor, enséñame a través de TU Palabra y por el poder de TU ESPÍRITU SANTO…

Lee lo que DIOS dice en Ester 9:29-32 y escribe tus observaciones de los versículos 29-31. Asegúrate de incluir el quién, qué, cómo, cuándo, dónde, etc

Reflexiona en estos pensamientos…

La Reina Ester una vez más pasó a la escena con Mardoqueo. En ese pasaje, ella usó su autoridad total (Vs. 29) para autorizar la segunda carta de Mardoqueo a los judíos. Ella estuvo completamente de acuerdo con sus palabras de gracia y verdad (Vs. 30) y quiso que su pueblo, en todos lugares conociera su aprobación. La Reina Ester se alió con Mardoqueo para instituir este festival anual del Purín permanentemente. De hecho, hasta el día de hoy los judíos lo celebran, lo cual comprueba la veracidad de todos estos eventos.

No es necesario decir, lo inspirador que resulta leer la armonía con la cual la Reina Ester y Mardoqueo trabajaron juntos, y cómo refleja el respeto mutuo que ellos indudablemente se tenían el uno al otro. En todo el libro de Ester, el amor que ellos compartían era un vínculo inquebrantable, porque su primer amor era para DIOS. Su relación nos despliega la verdad de Eclesiastés 4:9 y 12 ¨Mejores son dos que uno; porque tienen mejor paga de su trabajo… Y si alguno prevaleciere contra uno, dos le resistirán; y cordón de tres dobleces no se rompe pronto.¨

Así como Ester y Mardoqueo se mantuvieron unidos, es verdaderamente una experiencia vivificante cuando como cristianas trabajamos unidas. No solamente glorifica a DIOS, sino que también le agrega credibilidad al mensaje que compartimos – "las palabras de DIOS de paz y verdad". Que no desestimemos el valor de la unidad cristiana y que no sea escondida por nuestras motivaciones egoístas. En lugar de eso, que continuamente busquemos trabajar en unidad, porque sus efectos serán trascendentales.

ALCANZANDO LA JUSTICIA

Considera como estos pasajes se aplican a tí...

1. ¿En qué situación actual estás experimentando una falta de unidad con otro cristiano? ¿Cómo cambiarás tu corazón y acciones para honrar a DIOS en unidad?

2. Lee 1ª Corintios 13:4-8. ¿Por qué el amor es pre requisito para la unidad?

3. Basados en Génesis 1:26-27, ¿cuál fue el primer ejemplo de ¨trabajar juntos en unidad¨ y cuál fue el resultado? ¿Cómo influye esto en tu perspectiva de la unidad y que diferencia hará este entendimiento en tu vida hoy?

Ora que DIOS cambie tu vida...

¡Abba Padre! Gracias, por usar la unidad de TU pueblo para lograr la unidad de TU Reino. Por favor, despoja cualquier cosa en mí que quiera llevarse esa unidad. En el nombre de TU Amado, Hijo, JESÚS, Amén.

Lección 28B

TRABAJANDO JUNTAS EN UNIDAD

Primero ven a SU presencia…

Amado PADRE Celestial, TÚ eres diligente en todos tus caminos. TÚ nunca cesas de cambiarme para TU gloria. Confieso que algunas veces me resisto a TU voluntad cuando sería más fácil ser dócil. Por favor, enséñame a través de TU Palabra y por el poder del ESPÍRITU SANTO…

Lee lo que DIOS dice en Ester 9:29-32 y escribe tus observaciones del versículo 32. Asegúrate de incluir el quién, qué, cuándo, dónde, etc.

Reflexiona en estos pensamientos…

En Ester 9:32 se menciona a la Reina Ester por última vez en el libro. Cuando la conocimos, ella era una chica huérfana, hermosa, y quien empezó detrás del escenario con su primo Mardoqueo. Este versículo concluye con su historia, exponiendo su transformación, hasta llegar a ser una reina poderosa que emitía sus mandatos.

A través de sus experiencias, en ningún momento Ester estuvo sola. Si bien ella tomó el palacio "sola", de acuerdo a los estándares humanos, DIOS estuvo con ella todo el tiempo. Quizá en las horas más oscuras de miedo y soledad, Ester sintió el poder de la presencia de DIOS de una manera que cambiaba su vida, especialmente durante el año de preparación para conocer al Rey Asuero. Tal vez durante este tiempo de separación de Mardoqueo, ella determinó vivir una vida de fe en DIOS. Ella escogió trabajar con DIOS en unidad en lugar de resistirse a la voluntad de DIOS para su vida. Alabo al SEÑOR por la sumisión de ella, porque preparó el camino para la liberación de su pueblo.

¿Qué acerca de nosotras? ¿En qué circunstancias DIOS nos ha colocado en sus divinos propósitos? Aun cuando no conocemos exactamente cuáles son sus propósitos, sabemos que ÉL es bueno. Sabemos que DIOS tiene un plan que vamos a enfrentar y en el que vamos a permanecer. Nuestra parte es someternos a ÉL y trabajar juntos en unidad con ÉL para SU gloria. Seguramente, no podremos hacer esto por nosotras mismas, sino por el poder de SU ESPÍRITU SANTO. Cuando reemplazamos nuestra voluntad por la voluntad de DIOS, ÉL nos transforma en siervas poderosas que actúan con la autoridad de SU nombre. ¡Que nuestra alabanza sea elevada al asombroso DIOS a quien servimos!

ALCANZANDO LA JUSTICIA

Considera como estos pasajes se aplican a tí...

1. Brevemente describe el tipo de persona que eras antes de ser cristiana y qué tipo de persona eres ahora. Toma un momento para dar gracias a DIOS por el poder transformador que cambió TU vida.

2. Después de leer 2ª Corintios 5:17-18 y Efesios 2:10, haz una lista de algunos hechos particulares que crees que DIOS ha preparado para Tí. ¿Cómo has hecho estas cosas? Si no las estás haciendo, ¿Qué te lo está impidiendo?

3. ¿En qué circunstancias empezarás a trabajar junto con DIOS, en lugar de resistirle? ¿Por qué resultados positivos estás orando y esperando?

Ora para que DIOS cambie tu vida...

¡Abba Padre! Gracias por transformarme en una nueva criatura (2ª Cor. 5:17) y por prepararme obras para que lleve a cabo (Ef. 2:10) Por favor, que pueda siempre escoger TU voluntad en lugar de la mía —especialmente cuando estoy en circunstancias difíciles y de estrés. En el nombre de TU amado Hijo, JESÚS, Amén.

Lección 29A

NEGÁNDONOS A NOSOTRAS MISMAS

Primero ven a SU presencia…

Amado SEÑOR JESÚS, TÚ eres el "REY de reyes, y SEÑOR de señores" (Apocalipsis 19:16). Aun así Tú te negaste a Tí mismo para ganarme a mí – ¡Oh, que asombroso! Confieso que no aprecio esto adecuadamente cuando me enfrento con la necesidad de negarme a mí misma. Por favor, enséñame a través de TU palabra y por el poder de tu ESPÍRITU SANTO…

Lee lo que DIOS dice en Ester 10:1-3 y escribe tus observaciones del versículo 1. Asegúrate de incluir el quién, qué, dónde y cuándo, etc.

Reflexiona en estos pensamientos…

Es interesante que en el último capítulo del libro de Ester vemos al Rey Asuero salir más a luz que al principio. Una vez más, su poder y autoridad son el enfoque, así como el alcance para extender su reino. Nota que él dio una fiesta en el capítulo 1, pero tomó un tributo en el capítulo 10. Ciertamente estas eran y son costumbres de los reyes. Aun así, las acciones del Rey Asuero a lo largo del libro de Ester revelan su deseo primordial por el poder y posesiones, antes que el negarse a sí mismo.

Además, la Escritura no nos indica si él se sometió a un cambio de corazón, después de ser testigo de la protección milagrosa de DIOS hacia su pueblo. Por lo tanto, aparentemente Asuero simplemente continuó con su "vida rutinaria".

Tristemente, somos de la misma manera. DIOS nos permite ser testigos y experimentar SUS increíbles hechos, pero es difícil quitar los ojos de nosotras mismas. Incluso en formas sutiles, somos motivadas por nosotras mismas en lugar de ser motivadas por el ESPÍRITU SANTO. Sin embargo, cuando nos negamos a nosotras mismas correctamente imitamos a nuestro SEÑOR JESUCRISTO. ÉL tuvo una vida desinteresada – una vida enfocada en ser y hacer lo que fuese necesario para llevar la gloria máxima a DIOS. Que aprendamos que el gozo verdadero viene cuando nos negamos a nosotras mismas y buscamos la gloria de DIOS por encima de la nuestra.

ALCANZANDO LA JUSTICIA

Considera cómo estos pasajes se aplican a tí...

1. ¿Qué placeres y posesiones son atractivas para tí? Por la gracia de DIOS, ¿qué harás tú el día de hoy en un esfuerzo por dejarlas?

2. ¿De qué hecho extraordinario de DIOS has sido testigo o has experimentado recientemente? Explica cómo esto ha provocado que vivas la verdad de Juan 3:30.

3. Escoge uno de los versículos que describa de una manera particular la manera en que CRISTO se negó a sí mismo. ¿En qué situación buscarás imitarlo?

Ora para que DIOS cambie tu vida...

¡Abba Padre! Gracias, por las recompensas que vienen cuando nos negamos a nosotras mismas. Gracias por la gloria que trae a TU nombre. Por favor, ayúdame a ver estos beneficios cuando estoy en medio de los problemas. En el nombre de TU amado, Hijo, JESÚS, Amén.

Lección 29B

NEGÁNDONOS A NOSOTRAS MISMAS

Primero ven a SU presencia…

Amado Padre Celestial, TÚ eres desinteresado y extremadamente bueno. Confieso que en lo que puedo, apenas reflejo estas cualidades a otros. Por favor, enséñame a través de TU palabra y por el poder de TU ESPÍRITU SANTO.

Lee lo que DIOS dice en Ester 10:1-3 y escribe tus observaciones de los versículos 2 y 3. Asegúrate de incluir el quién, qué, dónde, cuándo, etc.

Reflexiona en estos pensamientos…

Esta descripción final de Mardoqueo, el judío, provee una última impresión de su carácter benevolente. El Rey Asuero sin duda lo promovió y lo honró, y la historia de Mardoqueo, incluso fue documentada en el libro Meda Persa de los Reyes. Pero, lo más importante, es que DIOS levantó a Mardoqueo, usándole para grandes cosas y exaltándole. A lo largo del libro de Ester, el corazón de Mardoqueo estaba aparentemente en el lugar correcto – él no estaba interesado en sí mismo, pero sí en las cosas buenas que podía hacer por otros. Él demostró esto negándose a sí mismo por el bienestar de la justicia.

En lugar de ser limitado por su esencia humana de autoprotección, Mardoqueo repetidamente caminó en fe e hizo lo correcto. Además, el celo por DIOS claramente eclipsó sus propias necesidades y lo que él quería.

¿Puede suceder de la misma manera con nosotras? A pesar del fervor con el cual nuestra carne busca satisfacerse, DIOS nos llama de una manera diferente. JESÚS dijo en Lucas 9:23, "Si alguno quiere venir en pos de mí, niéguese a sí mismo, tome su cruz cada día, y sígame". Seguir a JESÚS nos costará algo – nosotras mismas. Pero mientras constantemente aprendemos a negarnos a nosotras mismas, DIOS nos llevará a niveles espirituales inimaginables para SU gloria. Que ese sea el deseo de nuestros corazones.

ALCANZANDO LA JUSTICIA

Considera cómo estos pasajes se aplican a tí...

1. Enlista cosas que harás y dirás esta semana por el bien de otros. ¿Cómo estas palabras y acciones glorificarán a DIOS?

2. Después de leer Romanos 7:14-24, describe los problemas que tenemos al negarnos a nosotras mismas. De acuerdo al versículo 25, ¿cuál es la respuesta a este problema?

3. ¿De qué manera te negarás a ti misma, tomarás tu cruz, y seguirás a JESÚS?

Ora que DIOS cambie tu vida...

¡Abba Padre! Gracias por el carácter de CRISTO que vemos en Mardoqueo. Por favor, hazme un reflejo de TU Hijo, y una que se niegue a sí misma para cumplir TUS propósitos. En el nombre de TU Amado Hijo, JESÚS, Amén.

Lección 30A

CONCLUSIÓN: SIGUIÉNDOLE

Primero Ven a SU presencia...

Amado Padre Celestial, TÚ eres glorioso y majestuoso, justo y lleno de verdad. TU grandeza va más allá de mi imaginación. Confieso mi ignorancia con respecto a la profundidad de TU carácter, y mi falta de conocimiento y entendimiento. Por favor, enséñame a través de TU Palabra y por el poder del ESPIRITU SANTO...

Lee lo que DIOS dice en Ester 1-10, y escribe un ejemplo de comportamiento justo e injusto de cada capítulo.

Reflexiona en estos pensamientos...

Se ha dicho que los judíos son gente que tiene el libro de Ester en alta estima. Se refieren a él como "megillah hlygm", que significa "el volumen."[11] Esto no es difícil de entender porque la historia de Ester es una notable victoria en la historia del pueblo judío. Nos recuerda la historia de un típico perdedor en la cual la gente oprimida se levanta a desafiar y vence a su enemigo. Aún más es la historia del DIOS soberano y protector, quién liberó a su pueblo de circunstancias insuperables. ÉL cumplió esto a través de una mujer –no exactamente el típico héroe de estos tiempos.

Nuestro estudio de esta pieza fascinante de la historia Bíblica ha terminado, pero la aventura justo comienza. Hemos aprendido varios aspectos de rectitud que podríamos aplicar a nuestras vidas. Tenemos la oportunidad de tomar lo que DIOS nos ha revelado a través de las experiencias de Ester, y continuar traduciéndolas hasta hacerlas nuestras. Aunque la ubicación y el período de tiempo de este libro date de miles de años, todavía recordamos a esta joven mujer. Como a Ester, DIOS nos escoge para cumplir propósitos específicos durante nuestras vidas. Aún más, hemos sido llamadas para vivir de acuerdo a SU voluntad, no a la nuestra.

Así que la pregunta es, ¿buscaremos la justicia por el resto de nuestros días? ¿O retrocederemos a nuestra antigua manera de vivir y seremos negligentes con lo que hemos aprendido? Que DIOS nos guarde de tal insensibilidad e indiferencia. La vida de la Reina Ester testifica que DIOS es digno de todo nuestro ser, no importa el costo. ÉL "es el mismo ayer, hoy y por los siglos de los siglos" (Hebreos 13:8). Y ÉL es más que capaz de usarnos justo como usó a Ester. Así que sometámonos diariamente a ÉL, y sigamos la rectitud y la justicia. Seguramente nuestro justo DIOS tomará nuestra mano y guiará el camino. Simplemente necesitamos seguirle.

ALCANZANDO LA JUSTICIA

Considera cómo estos pasajes se aplican a tu vida...

1. Brevemente repasaremos las lecciones que hemos abarcado en este estudio Bíblico. ¿Cuál de ellas usó DIOS para cambiar tu vida y por qué? Da un ejemplo lo más amplio que puedas.

2. ¿Cuál de estos aspectos de rectitud que abarcamos (ej. "obedeciendo el llamado de DIOS", "Honrando a DIOS", "Dependiendo de DIOS"), ha sido el más desafiante para tu vida? ¿Qué cosa práctica harás para mantener esto como un objetivo delante de tí?

Ora para que DIOS cambie tu vida...

¡Abba Padre! Gracias por revelarme más acerca de TÍ mismo a través del libro de Ester. Por favor, dame diariamente un deseo por TU justicia, y lléname con TU ESPÍRITU SANTO para caminar en TUS caminos. En el nombre de TU Amado Hijo, JESÚS, Amén.

Lección 30B

CONCLUSIÓN: SIGUIÉNDOLE

Primero Ven a SU presencia...

Amado PADRE Celestial, TÚ eres poderoso y soberano, puro y exquisito. Confieso que mi corazón es frío hacia TÍ algunas veces, y que incluso en mi pasión por hacer lo correcto, algunas veces soy indiferente. Por favor, enséñame a través de TU Palabra y por el poder de TU ESPÍRITU SANTO...

Revisa el libro de Ester y escoge tres versículos que han sido muy significativos para Tí. Escríbelos en el espacio y explica por qué tienen especial significado para Tí.

Reflexiona en la historia de la Reina Ester y en las circunstancias de tu vida. ¿Cómo participarás en el plan de DIOS para Tí, alcanzando la justicia hoy? Sé específica.

Considera como tu conocimiento de DIOS se ha incrementado a través de este estudio Bíblico. Usa las oraciones introductorias de varias lecciones como una guía; enumera algunas y de qué manera te han inspirado para alcanzar la justicia (ej. Lección 1A – Porque DIOS es soberano, Estoy inspirada a confiar en ÉL, etc.)

Ora para que DIOS cambie tu vida…

¡Abba Padre! Gracias por que TU ESPÍRITU SANTO mora en mí y que de este modo me equipas para vivir en justicia. Por favor, transfórmame en una mujer "que practica la justicia" (1ª Juan 2:29) para TU honra y TU gloria. En el nombre de TU Amado Hijo, JESÚS, Amén.

NOTAS FINALES

1. W.E. Vine, Merrill F. Unger, William White, Jr., eds., *Vine Diccionario Expositivo de Palabras bíblicas*, (Tennessee: Publicadores Thomas Nelson, 1985) 535.

2. Wikipedia en línea, s.v. "Ester," http://en.wikipedia.org/wiki/Esther (visitado el 20 de Agosto del 2008).

3. Norman L. Geisler, *Un estudio popular del Antiguo Testamento*, (Massachusetts: Prensa Príncipe). 172.

4. William Struse, "Las Setenta Semanas de Daniel: Cuenta atrás para el Mesías: Capítulo VIII Hadassah la Reina," William Struse, http://www.danielseventyweeks.con/Daniels_70_Weeks_P1S1html/Chapter8.html (visitada el primero de septiembre de 2008)

5. Geisler, *Un Estudio Popular*, 162.

6. Spiros Zodhiates, Th. S., ed., *El Estudio Bíblico de Palabras Claves Hebreo-Griego*, (Tennessee: Publicadores AMG, 1990), 658.

7. Wikipedia en Línea, s.v. "Vasti," http://en.wikipedia.org/wiki/Vashti (visitado en Agosto 20 del 2008). Moshe Reiss, "Mensajeros de DIOS: Una Perspectiva Teológica y Psicológica: Ester," Moshe Reiss, http://moshereiss.org/messenger/15_esther/15_esther.html (visitado el 20 de Agosto del 2008).

8. J. Stafford Wright, *Diccionario de la gente de la Biblia de Revell*, (New Jersey: Compaía de Fleming H. Revell, 1978), 149-150. David y Pat Alexander, eds., *Manual Conciso de la Biblia de Eerdman*, (Michigan: Compañía Publicadora Wm. B. Eerdmans, 1980), 154-155.

9. Geisler, *Un estudio popular*, 173.

10. Wright, *Diccionaro de Revell*, 150.

11. Adam Clarke, "El Comentario de Clarke –Ester 1," Electrónicos Optasia, Inc., http://www.godrules. net/libary/clarke/clarkeest1.htm (visitado el primero de Septiembre del 2008).

ACERCA DEL AUTOR

Emily Wickham gentilmente anima a las mujeres a tener una relación más cercana con DIOS. A través de varios escritos, así como de charlas, su pasión es encender los corazones hacia JESÚS.

Visita www.proclaiminghimtowomen.com para leer el blog de Emily, y por favor, conéctate con ella a través de las redes sociales en: www.facebook.com/emilywickham.author y en www.twitter.com/emilywickhamPH.

Emily, agradece a DIOS por SUS bendiciones, y disfruta la vida al lado de su esposo e hijos en Carolina del Norte.

www.ingramcontent.com/pod-product-compliance
Lightning Source LLC
Chambersburg PA
CBHW081350080526
44588CB00016B/2440